お客様が大満足しながら高利益を上げる住宅会社経営

株式会社スタイリッシュハウス代表取締役
佐藤 秀雄

コーシン出版

プロローグ

― 失敗続きのあの頃 ―

私が設立した住宅会社スタイリッシュハウスは、設立当初、失敗の連続でした……。

経営と資金繰り、そして、毎月受注をとることに追われていました。

職人さんもうまく集まりません。

やっと着工しても、トラブルばかり。

現場が完成しても粗利が5～10パーセントほどのものが続きました。

その5パーセントの粗利から、会社の経費、広告宣伝費やスタッフさんたちの人件費を支払います。

1棟あたり最低20パーセント利益がないと、会社運営はできません。5パーセントの粗利というのは、15パーセント赤字の現場をやってしまったのと同じことです。

当時は会社をやっと運営している状況でした。

営業をしながら、水道工事とガス工事を手掛けるもう一つの会社の運営、お客様の管理、現場でのクレーム対応……なんとかこなしていました。

一年を通してほぼ休みはありません。

そんなある日、私は、脳梗塞で緊急入院してしまいます……。
三日三晩集中治療室のベッドの上で、生死をさまよいました。
〝自分はこのまま死んでしまうのかな〟
〝でもそれも楽でいいかもしれない……〟
死ぬことに対して、恐怖感さえない状態⁉
それほど疲れはて、精神的に追い詰められていたのです。
幸い意識はあったので、さまざまなことを考えました……。
〝ある日、突然、亡くなった経営者の方……〟
〝追い詰められて自殺をしてしまった社長……〟
〝家族をおいて逃げてしまった社長……〟
なぜか知っている人たちの顔が次々と浮かんできます。
その人たちも、大きな夢を持ち、起業し、良い時代もあったでしょう。
高級車を乗りまわし、毎晩高い酒を飲み歩き、騒いでいた時期もありました。

しかし、それが永遠に続くことなどありませんでした。

事態が一転し、一気に奈落の底に転落していったのです……。


そんな、悲惨な状況を見てきたからこそ、経験から言えることはただ一つ。

住宅会社は〝絶対に倒産させてはいけない〟ということ。

なぜなら、お客様、協力会社様、会社のスタッフさん、銀行さん……多くの方々に多大な迷惑をかけてしまうからです。

住宅会社の経営者の方たちには、そんな失敗や思いを決してして欲しくないのです。

お客様に喜ばれ、経営者もスタッフさんも協力会社様も、皆誇りを持ち、幸せであって欲しいと願っております。

さまざまな失敗から導き出されたノウハウを本書にまとめてみました。

私の経験から、何か一つでも〝気づき〟につながりましたら幸いです。

佐藤　秀雄

目次

第二章　利益の拡大方法はまだある

第三章　着工前の会議や社内検査は徹底的に行なう

わたしたちが推薦します！

第一章

150万の原価削減ノウハウ

住宅会社の大きな責任

スタイリッシュハウスを設立して間もない頃、私はコンサルタント会社を通じて、住宅会社を成功に導くためのノウハウを500万円出して買ったことがありました。セミナーを開催して契約を取る方法、共同購買や職人さんの動き、見積書を細かく分析をして原価を下げる方法――。

どれも、ある程度の効果は見込める内容に感じました。

しかし最終的に自社に落とし込むことはできませんでした。

なぜなら社員さんが皆、そのノウハウについていけなかったのです。

内容が複雑すぎました。

高いお金を支払い手にしたノウハウ、しかし自社で使いこなすことができなかったのは非常に残念でした。

このような状況でも、試行錯誤を繰り返しながら、設立3年後には、年間20棟ほど建てる会社になりました。

しかしマーケティングに頼り、マネージメントのクオリティを高める工夫をほとんどしなかったため、お客様からお叱りやクレームを多々受けてしまいました。

またプロローグでも述べさせて頂きましたが、建物が完成し、1棟あたり20パーセントの粗利がとれると思っていたら、実際は5パーセントしかとることができなかった……そんな現場をいくつも経験しました。

もちろんその5パーセントの粗利から、広告宣伝費やスタッフさんたちの人件費が払われます。

会社としては赤字でした。

なぜ、そうなってしまったのか？

それは着工する前にお客様と建物の仕様をすべて決めていなかった……これが一つの大きな原因だったと今は感じています。

たとえば、壁紙はどんなものを使うのか？　キッチンや風呂はどれにするのか？

着工前にお客様ときちんと決めておかないと、後から、

「この色じゃなかった」

「この器具じゃなかった」

などと言われてしまい、いろいろなトラブルへとつながってしまいます。

「請負工事」は請けて負ける、と書きます。

あいまいなものはすべて、こちらがお客様のご要望を飲まざるを得ないのです。

つまり請負う前にすべてのことを決めずに、請けてしまったら、完全に〝負け〟なのです。

とはいえ一般的な工務店では、１００パーセント仕様を決めてから、契約するところはかなり少ないのが現実です。

というのも、契約したお客様から、着工金、上棟金、最終金と順次お支払いいただきますが、早く着工しなければお金をいただくことができません。

そして、お客様の気が変わらないうちに、早く契約してしまいたい！というのも正直あるでしょう。

しかしこれこそが諸悪の根源なのです……。

建て始めてから、お客様が「やっぱりこうしたい」「ここの向きを変えたい」などの変更のご要望が出た場合、追加工事になります。

この追加工事にきちんと対応しないと、粗利を損失するばかりか、間違いが起こりやすくなります。

たとえば工事が始まってから「外壁を変えたい」とお客様が担当の営業マンに言います。

しかしその変更内容が、きちんと現場に伝わっていなかったら……。

どうなるかはもうお分かりでしょう。

完成した家の外壁は、最初にお客様が指定した物のままです。

お客様にしてみれば、「私はこれに変更したじゃない！」ということになるのです。

少なからず皆さんもこのような経験をされたことが、あるのではないでしょうか？

着工する前に〝お客様とすべての仕様を決めておく〟。これが大原則なのです。

着工後の変更というのは、さまざまなトラブルの原因になり、ちょっとした伝達ミスで、利益も大きく損なわれ、お客様は気分を害されるし、社員さんは怒られて落胆する……。

まさに悪循環、負のループに入ってしまいます。

これではお客様も不幸、会社の経営者も不幸だし社員も不幸……皆が悲しい状態になってしまいます。

だからこそ、きちんと〝着工前にすべての仕様を決める〟仕組み作りが重要なのです。

設立当社、私の会社でも、さまざまなミスがあり、お客様からお叱りを受けることが多々ありました。

結局、そのような場合には、すべてをお客様の要望通り改善した上で、お引渡しすることになります。

その当時、不満を感じられたお客様には、今でも本当に申し訳なく思っています。

しかしそのような経験があったからこそ、〝お客様アンケート〟に徹底的にこだわるようになったのです。

お客様からのご指摘からヒントをもらい改善を繰り返し、ミスが起こりにくい仕事ができるようになりました。

おかげさまで、ここ何年も連続で年間契約棟数の50パーセント以上が紹介受注という会社に成長することができたのは、設立当初からしたら奇跡に近い状態です。

もともと私は配管工として、水道工事会社を経営していたため、住宅会社がお客様でした。

うまくいっている会社さんがある一方で、お客様などからのクレームが重なり潰れてしまったり、資金繰りが行き詰まって倒産したりする会社も見てきました。中には自殺未遂をした社長さんも知っています。

また、年間100棟以上やっている会社で倒産してしまった住宅会社もありました。

そして住宅会社が潰れてしまうと、どうなってしまうのか、その最悪な状況も目の当たりにしたのです。

一言でいえば、倒産した会社の社員さんや家族だけでなく、お客様や協力会社様、銀行にも多大な迷惑をかけ最悪な状況でした。


お客様にとって、家を建てるということは、人生最大のイベントです。

それなのに家の骨組みしかできていないまま、住宅会社が潰れてしまったらどうなるでしょうか？

しかも着工金、上棟金とずい分とお金を払った後だったりしたら、金銭的にも大きな打撃を受けます。


住宅会社が潰れてしまったがために、大変な思いをされているご家族を、私は何人も見てきました。

また家が完成していたとしても、その後のアフターメンテナンスが受けられず、他の業者を探し、一から頼まなければなりません。

つまり住宅会社は、そのご家族の生活や幸せを左右してしまうほど大きな責任があるのです。

だからこそ、しっかりと粗利を確保し、会社を潰してはいけない！

住宅会社というのは、社会的にも極めて責任が重い業種でもあると痛感しています。

重点ポイント

- ●着工前にすべての仕様が決まっていますか？
- ●着工粗利と完工粗利の差はありませんか？

最も進出して欲しくない同業者は？

私は平成16年に株式会社スタイリッシュハウスを立ち上げました。

目標は、営業エリア6万世帯、年間30棟！

当時、チラシを打つと、反響は3000分の1、あるいは4000分の1で、新規顧客の来場へとつながりました。

設立して5年ほどが経ち、受注は目標を達成しました。

しかしその頃には、広告チラシの反響は、1万分の1にまで落ちていました。

雨が降っている日などは、1、2組のお客様しかお見えにならない……そんな寂しい見学会も多々ありました。


その時、私は考えました……。

どんな会社が進出してきたら、うちは潰れてしまうのか？

ふと、当たり前の答えが浮かびました。

うちの会社が建てる住宅よりもグレードが高く、しかも販売価格が2割安い……。

そんな会社のモデルハウスが、うちの隣に進出してきたら、確実にやられてしまうだろうと……。

ならば、自分が今よりも2割安く、しかもグレードの高いものを自分たちが開発してみたらいいのではないか……。

そこから私は、いかに原価を下げていくか、さまざまなノウハウを考えることになったのです。

そして試行錯誤し、誕生したのが〝超ローコスト住宅〟「夢家(ゆめや)」でした。

重点ポイント

- 営業エリアを設定していますか?
- 折込みチラシの反響率を把握していますか?

職人さんの人件費はブラックボックス？

では実際に、どのように原価を下げていったのか、説明していきたいと思います。

まずは家を建てるときの1棟あたりの原価構成を考えてみます。

おおよそですが、職人の手間代が35～40パーセント、材料費（建材・設備機器など）が35～40パーセント、粗利20～30パーセントというのが、住宅業界の一般的な原価構成です。

つまり原価の5割は職人さんへの発注が占めているのです。

しかしコストの5割を占める職人さんへの発注は、住宅会社にとって最大のブラックボックスです。

1棟の住宅を建てるとき、水道屋さん、内装屋さん、電気屋さん、大工さんなど、いくつもの業種が入るとします。

しかしそれらの業種の職人さんの各発注価格はバラバラで、基準というものがないのが現実です。

たとえば住宅会社のA社、内装屋さんの発注金額は安いけれど、水道屋さんの発注金額は高い……B社は電気屋さんの発注金額は安いけれど、大工さんの発注金額が高いなど、ばらつきがあるのです。

どうしてそうなってしまうのか？

それは住宅会社に横のつながりがあまりないからだと思います。そのため、業者さんの発注価格の基準が分からず、比べようがないのです。

では各職人さんの価格はどうやって決まっていくのか？

それは、そこの住宅会社の社長や工務担当者が、以前勤めていた会社での経験から、価格を決めていることが多いのです。

だから各職人さんの発注単価はまちまちなのです。

とはいえ、高品質な家をローコストで実現していくためには、各業種の職人さんへの発注金額を、適正な価格にまで下げ、均一化していかなければなりません。

そこで私は、それぞれの住宅会社が職人会社に発注している金額をかたっぱしから調べ、各職人さんの適正価格を割り出そうと考えたのです。

エリアが違う同業者からの情報を得る！

さて各業種の適正価格を知るうえで、私が最初に行なったのは、セミナーや勉強会などで知り合った営業エリアの違う同業者や、さまざまなツテを使い、ご縁のできた全国の住宅会社さん15社ほどの発注金額の情報を集めることでした。

訪問したり、電話で情報交換をしました。

同業者であっても、エリアさえ違えば、社外秘ともいえる発注価格をオープンにしても問題ないのです。

「お宅の会社で、電気屋さんやクロス屋さんは、いくらで発注されていますか？」

「大工さんは坪単価いくらでお願いしているのですか？」

などと率直に伺っても、エリアが違うため、どの住宅会社さんも、ざっくばらんに金額を教えてくれます。

また大手ハウスメーカーについては、昔から知り合いの職人さんを通じて発注金額を調べました。

そのようにして集めた職人さんの価格情報を、電気、水道、基礎、クロス……と、それぞれリストにしていきました。

このようなことができたのも、私が都内で開催されるさまざまなセミナーに参加し、多くの同業者の方と知り合っていたおかげです。

あの頃、なんの気なしに隣に座った方と話をしたり、そのあとの懇親会で名刺交換をし、いろいろな話や悩みを打ち明けました。

その時の同業者人脈が、こんなに役に立つとは夢にも思いませんでした。

そして、職人さんの価格情報のリストを見ているうちに、私は面白い現象が起こっていることに気づきました。

住宅会社の利益

さまざまなツテを使い、小さな工務店から、年間10~300棟くらいの新築工事を請け負うビルダーや大手ハウスメーカーの各業種の発注単価を次々と調べていきました。

その結果、分かったことがあります。

たとえば、ハイコストで家を建てる大手ハウスメーカーや、某大手ローコストメーカーより、一般的な工務店、地場ビルダーの方が、職人さんへの発注単価が高い！

なぜ、そのような現象が起こってしまうのか？

実はさまざまな要因がありますが、その一つに利益率が違うことが挙げられます。

大手ハウスメーカーさんでは、だいたい1棟に対する利益率は35～50パーセントと噂されています。

一方、一般的な工務店や地場ビルダーなどは、平均20パーセントくらい、多いところで30パーセントくらいです。

その違いは何か？

住宅の価格というのは、「建材・設備機器」「職人会社の人件費」「利益」などで構成されています。

その「利益」の中から、大手ハウスメーカーの場合は「広告宣伝費」に莫大な金額を費やしています。

テレビをつければ、大手ハウスメーカーのＣＭに、有名タレントさんが起用されていることに気がつきます。

そのタレントさんのギャラなども含め、ＣＭ制作費用は莫大な金額になっています。

またモデルハウスは、一般的に総合住宅展示場に出展されます。そして一定の期間が経つと、壊してしまいます。

そのモデルハウスの維持費は、年間膨大な金額といわれています。また配布されるパンフレットも折込みチラシと同様に、カラー写真が多く使われ、紙質がしっかりしています。

このような莫大な「広告宣伝」費用は、結果的に住宅価格に反映され、お客様の負担となっているのです。


高品質なローコスト住宅を作るために、設備・材料、職人の人件費をコストダウンすることは重要です。

しかし、まず大幅にコストダウンができるのは、「広告宣伝費」です。

幸い、地元密着の会社の多くは、営業エリアが限られているため、大手ハウスメーカーのように大々的に全国ネットでテレビＣＭを流す必要はありません。

むしろ地元ならではの認知度アップの仕方があります。

それについては「口コミ設計図」の章で詳しく紹介したいと思います。

さて職人さんの単価の話に戻します。

会社によって職人さんの発注単価がまちまちであることに気がついた私は、住宅建設に関わるすべての業種の職人さんの発注単価や、建材や設備機器などの仕入れの掛け率を一覧表にしてみようと思いました。

そこで初めて自分の会社の発注単価の弱点も分かってきました。

実際、高く払い過ぎていた職人会社や建材や設備機器などの発注を適正価格にすると、1棟当たりの利益が10パーセントくらいアップすることに気づいたのです。

各職人会社の安値情報を知る

高品質な超ローコスト住宅を作るために、私は年間300棟をやっている住宅会社から10棟くらいまでの住宅会社まで、15社ほど各職人会社さんへの発注単価や設備機器、建材の仕入れ価格を調べ、グラフにしました。

たとえば、水道屋さんへの発注単価は、実はローコスト住宅会社のほうが高く、ハイコストメーカーの方が安い。

水道工事は使う材料は各地方で統一されており、工事内容は一緒なのです。なのに職人さんへの発注単価は、大きな開きがあります。

そこで私は、各業種の職人さんの発注単価を住宅会社ごとに10段階にしてみました。

仮に水道屋さんへの発注金額が高いA社を〝10〟とし、発注金額が最も安いB社を〝1〟とします。

〝1〟という数値は、その業種の発注単価の最安値「一番底値」で、〝10〟というのが、その業種の発注単価の最高値です。

水道屋さんだけではなく、他の業種に関しても最高値から最安値までの情報を集めました。

原価を徹底的に下げようということであれば、この最安値とされる「一番底」でやってくれる職人さんにお願いするのが手っ取り早いでしょう。

しかし最安値が適正価格かといえば、実はそういうわけではありません。

「殺す価格」ではなく「三番底」を

仕事を発注する際に、「殺す価格」というものがあります。

なんだか物騒な言い回しですが、あまりにも安い発注単価にしてしまうと、取引き会社のモチベーションを下げてしまうということです。

最安値ばかりの発注をしたら、「この会社の仕事は儲からないから」と、職人さんが現場から逃げ出し、年柄年中職人さんが入れ替わってしまう恐れがあります。

ポイントは、10段階の下から3番目くらいの価格で業者さんに発注することです。

なぜなのか？

最安値で頼んでしまうと、安い仕事だからという理由で後回しにされてしまったり、職人さんの気持ちが入りにくくなり、「こんな会社の仕事なんて、いつでも辞めてやる！」といった気持ちで仕事をされてしまい、結果的に雑な仕事の原因になってしまいます。

そこで、私は〝三番底〟くらいに統一することを考えました。

継続的に仕事を出すようにすれば、お互いに効率がよくなります。

多少価格が安くとも利益が出る仕事になっていくのです。

職人さんもそれが分かってくると、継続的に仕事を引き受けてくれます。

職人会社さんに継続的にやってもらえる三番底辺りに発注価格を設定して〝指し値〟する。

これが最も有効な手段だと実感しています。

そうすることで、1棟あたりの原価コストを下げることができ、職人さんにも感謝して仕事をしてもらえ、住宅会社としても職人さんに心から感謝する善循環が生まれてきます。

職人さんは新規で探す

同時にここで、私は一つの決断もしました。

超ローコスト住宅を手掛けるにあたり、今までお付き合いのない新規の職人さんを探す決断です。

これまで弊社とお付き合いのある職人会社さんとは交渉をしませんでした。

なぜなのか？

「今よりこれだけ安くやって下さい」と、お願いした場合、職人さんのやる気やプライドを削いでしまう可能性があるからです。

私自身も10人の職人を抱える会社を長年経営しており、やはり、そのようなことを言われたら、いい気持ちはしません。

正直、「こんな価格で……」と思ってしまいます。

ようは「殺す価格」と同じような状況になってしまうのです。

ならば、安くて腕のいい新しい職人さんを探すしかない。

私の職人さん探しが始まりました。

職人さんの大切さ！

会社設立当初、私の会社は協力会社さんを集めるのに大変苦労しました。

〝できたばかりの会社の仕事なんて危なっかしくてできない……〟

そんな印象があったのでしょう。腕のいい職人さんがなかなか集まりませんでした。

なんとか、現場を受注し、いざ着工しようとしても、職人さんが集まらず、思ったように工期を決めることができない……そんなこともありました。

またせっかく工事が始まっても、現場で大工さんが煙草を吸うところを、お客様が見てしまい、

「あんな大工は入れるな」

と言われ、大工さんを替えたこともありました。

上棟したのに、担当する大工さんがいなくて、工事がしばらく空いてしまったこともありました。

また年度末の工事が重なる時期などに、まだ付き合いの浅いうちの会社の仕事は、仕上げ業者さんに後回しにされ、工事が遅れてしまうこともありました。

そのような経験から、しっかりとした業者を集めていくことの大変さを、私は身に沁みて感じていたのです。

さまざまなジャンルから紹介してもらう

さて超ローコスト住宅「夢家」を始めるにあたり、新規の職人さん集めを始めました。最初にやったことは、知り合いの安くて腕のいい職人さんに、本人とは別業種の職人の仲間を紹介してもらうことです。

そしてメーカーや販売店、材料屋さんからも同じように紹介していただきました。

また地元の銀行の担当者からも紹介してもらいました。

地方の信用金庫などは、その地域のすべての業種がお客様であり、マッチングの部署もあるからです。

さらに自分が取引している生命保険会社の担当者さんから、職人さんを紹介してもらうのもお勧めです。

第○生命や日○生命……昔からその地域で活躍している保険会社の担当者というのは、地元にたくさんの人脈を持っています。

また担当者さんにしてみても、自分の顧客に仕事を紹介できるのは、うれしいことです。

そもそも保険会社の外交員さんというのは、仲人みたいに、あっちの独身男性と、こっちの独身女性をくっつける……そんな人のマッチングをするのが昔から得意なのです。

それをビジネス的にやってもらえればいいのです。

たとえば、

「今、住宅の受注が多くて、電気屋さんが足りないんです。電気工事をやっている人で保険に加入しているお客様がいたら、紹介してもらえませんか？」

と聞いたとします。

人脈の豊富な保険会社の担当者さんだったら、

「分かりました。私のお客さんで電気屋さんは何人かいるので、聞いてみますね」

そのような言葉を返してくれるのではないでしょうか？

重点ポイント

職人さんの紹介ルート

- 腕のいい職人さんに仲間を紹介してもらう
- メーカー、販売店、材料屋さん
- 地元の銀行や信用金庫
- 地元の保険外交員
- 社員さんの親族

他社の現場に足を運んでみる

それでも足りない業種の職人さんも出てくると思います。

そのような場合は、他社の現場に足を運び、目星をつけるのです。

たとえば、大手アパートメーカーさんなどのクロス屋さんは、平米単価はすごく安いとの噂を聞いています。

また高級住宅を手掛ける大手のS社は、検査が非常に厳しいけれど、電気屋さんは発注単価が安いという噂があったとします。

そのような品質管理に厳しく発注金額も抑えている会社に出入りしている職人さんにお願いするのです。

もちろん職人さんたちが働く現場で、作業中に面と向かってお願いすることはできません。

現場に停まっているトラックに、必ず社名や電話番号が書かれているので、それをメモして、帰るのです。

そして夜、「○○工業さんですか？　おたくはいい工事をするって、評判ですね、うちの現場も一度やってもらいたいと思い、お電話させて頂いたのですが……ご都合のいい時に、ぜひ一度お会いできませんか？」

と、電話でアポイントをとるのです。

そうやって私自身、安くて腕のいい職人さんを集めてきました。

職人さんとの価格交渉

さて職人さんが見つかったら、いよいよ価格交渉です。

その交渉方法はいたってシンプルです。

先方から見積もりは一切とらず、こちらから適正価格を「指し値」し、この額でやってもらえるかどうかを、確認するだけです。

なぜ「指し値」なのか？

職人さんというのは自分の仕事に誇りをもっています。一度高い見積もりをだしてしまうと、せいぜい、そこから引けるのは10パーセントです。

20パーセント下げることになると、実際はそれでできる価格であったとしても、職人さんは、自分のプライドとして引き受けません。

先に「指し値」してしまえば、職人さんはできるか、どうかだけを考えます。

そして職人さんが「やれません」と断ってきたら、交渉はそれで終了です。

またこの時、ギリギリできる価格も参考に聞いておきます。

そして、次の職人さんも同じように「指し値」で交渉していけばいいのです。

地道に交渉を続けていけば、必ずこちらの適正価格に応じてくれる職人さんは見つかります。

もし、一つの業種で3社と面談して、指し値でやってくれる会社がなかった場合は、その中の最安値の会社に発注します。


これまで、私は130社を超える住宅会社さんの実行予算書を見て、原価を下げるお手伝いをしてきましたが、地域的な要因で希望の価格で業者が見つからないケースがあります。

そのような時はどうしたらいいのか？

たとえば、5つの業種の職人さんとの価格交渉は思うようにいかなかった。しかし他の業種の職人さんとの価格交渉はうまくいき、発注金額を抑えることができた。ならば価格交渉がうまくいかなかった業種が5社であれば、たとえコストが10万円ずつ高くなっても、50万円です。

売価2000万円の住宅の場合、1棟あたりの粗利の違いは50万円だと2.5パーセントです。

1棟当りの利益を何パーセントに設定するかですが、仮に2.5パーセント低くなっても、スタート時の粗利としては充分やっていけるはずです。

あと1パーセント、2パーセントは、やりながら下げていくこともできるのです。

重点ポイント

- 各業種の他社の発注単価を調べていますか？
- 職人さんからは見積りをとらず「指し値」で交渉が原則です。

〝職人魂〟を大切にする

かつて私が水道工事をやっている時に、ある建売りメーカーが、私の地元に進出してきました。

その現場の基礎を見た時に、びっくりしました。

ところどころが歪んだ、あまりにもひどい基礎だったのです。

通常、許容範囲が3ミリくらいと言われているコンクリート工事が8～10ミリもずれていたのです。

安い価格で遠方からやって来た業者さんが、やっつけ仕事をしたのは明らかでした。

しかし、それで良いわけはありません。

その業者さんも安いからといって、そのような手抜き工事は自分のプライドとしてやりたくない！　そう思っていたはずです。しかし遠方から来ているがゆえの苦しい現実！長い時間をかけられず、細かいところまで手が回らない仕事になってしまったのだと思います。

〝職人魂〟〝技術屋魂〟を大切にしてもらうためにも、住宅会社は地元の業者さんに頼むのが一番だと思います。

業者さんには地元での評判というのがあります。

自分のプライドにかけて、きっちりとした仕事を行なってくれるでしょう。

〝安かろう、悪かろう〟は昔の話

とはいえ、安く請け負う職人さんに頼んで、本当に腕は大丈夫なの？と不安になる方もいるかもしれません。

しかし職人さんの腕の「安かろう、悪かろう」というのは昔の考え方であり、今は違います。

安くても請け負ってくれる腕のいい職人さんはたくさんいます。

というのも安い発注単価でも、継続的に仕事を発注していけば、職人さんの収入は安定していきます。仕事に遊び時間がないことが重要なのです。職人さんもそこを考え、少々安い価格でも引き受けてくれるのです。

つまり、今の時代は、安い価格であっても、安定的に仕事の発注が約束できれば、腕のいい職人さんが集まるということです。

さらに職人さんの腕というのは、まったくとは言いませんが、実は価格とさほど関係がないのも事実です。

先述したように、某ローコストメーカーのA社の方が、ハイコストメーカーのB社より、職人さんの発注単価は高いことがあります。

ならば発注単価の高い職人さんのほうが、レベルが高いかといったらそうでもありません。一方、職人さんの単価を低く抑えていても、職人さんの腕が低いかといったら、そんなことはありません。

なぜなら、会社の指導が徹底しており、きめ細かく職人さんのマネージメントをしているからです。

大手ハウスメーカーの現場が非常に厳しいのは、職人さんの間では有名な話です。現場に入る前には、一定時間、どの職人さんも講習を受けなければなりません。提出する書類や写真の数も非常に多く、その内容も厳しくチェックされるのです。荒い作業が決して許されない体制ができています。

そして全国各地で家を建てる大手のハウスメーカーであっても、地元の職人会社さんが施工しています。

一方、工務店も地場ビルダーも、地域に密着した形で展開している会社が多いため、やはり仕事は地元の職人さんに依頼します。

つまり全国展開する大手ハウスメーカーも、地域密着型の住宅会社も現地の職人さんを使うのです。

そして一つのエリアでの職人さんの数は限られているので、必然的に同じ職人さんに仕事をお願いしているケースも多いのです。

つまり、家づくりの現場では職人さんの腕は、価格によって、昔のように差があるかといえば、そうでもないのです。

しかも建築用の材料のほとんどにおいて、工業化が進んでおり、実際の現場では、工場で加工された材料を組み立てるだけというケースが多くなってきています。

さらに現在の日本の住宅業界では、手抜き工事をすることは、死を意味します。

少々前の話になりますが、１９９５年に発生した阪神・淡路大震災や、２００５年に起こった、某一級建築士による、耐震偽造事件を受け、その後、検査がさらに厳しくなりました。建築確認や住宅会社の工事検査が、非常に厳格に行われるようになったのです。

そのような事情からみても、職人さんの腕の「安かろう、悪かろう」というのが昔ほどないのが、職人業界の現実です。

家賃並みで建てられる家

試行錯誤の末、新しく集めた職人さんの協力を得ながら、2009年に超ローコスト住宅、「夢家」がスタートしました。

目標は高品質を保ちながら1000万円の家を作ることでした。

なぜその価格設定にしたかというと、営業エリアである弊社周辺賃貸の家賃相場が6万円前後でした。当時の金利で、6万円前後のローン支払いで、総額1800万円の借り入れが可能でした。

土地代を600万円だとすると、建物代は1000万円くらいが現実的で、「家賃並みで家が建てられる」というコンセプトにしようと思ったからです。

ちなみに第一号となった超ローコスト住宅は、ちょっと大きい家でしたので、総額1500万くらいでしたが、原価を今までより、150万円以上コストダウンすることができました。

そのノウハウについてお話しましょう。

1棟あたり150万円のコストダウンに成功

大手ハウスメーカーもローコスト住宅も、実は使っている建材や設備機器は、一部の会社を除けば、皆、一流国産メーカーのものです(もちろんグレードは各社いろいろです)。

何が違うのかといえば、それは仕入れの掛け率です。

たとえば年間数千棟やっている大手ハウスメーカーと、年間300棟やっている地場ビルダー、10棟ほどやっている工務店では、建材や設備機器の仕入れ価格は同じものでもぜんぜん違います。当たり前の話ですが、大量に購入する大手のほうが割安で仕入れができます。

そこで私はいろいろ情報を集め、１００棟くらいやっている住宅会社の原価に近づけるよう、メーカーと仕入れ価格を交渉しました(当時、私の会社は年間30棟施工)。当初、私はメーカーや販売店の担当者に、１００棟くらいやっている会社の仕入れ値で指し値をしました。

おそらく、担当者からは、

「こんな安い価格では無理ですよ」

「そんなの難しいですよ」

そんな言葉で一蹴されるのだと思っていました。

しかし意外にも反応は違うものでした。

その時のことをイメージ的に言うと、

「いや、その価格でできることがバレちゃいましたか、それならしょうがないですね……」

といった感じの言葉が返されたのです。

そこで、すかさず私は身を乗り出し、

「これから超ローコスト住宅をこのエリアで広めようと思っています。そして同じような住宅会社を集めて、大量購買、集中購買をやるので、価格をこれだけ下げてくれませんか」

と交渉しました。

すると、ある程度、100棟やっている会社さんの価格まで下げてもらうことができました。

建材や設備機器の交渉は、意外にもスムーズにいきました。

そのおかげで職人さんの人件費も含め、1棟あたり150万円のコストダウンを図ることができたのです。

設備機器の仕入れを安くするためには

では設備機器の仕入れを安くするにはどうしたらいいか？

これはディスカウントストア等が大量購入で仕入れ値が安くなる原理と一緒で、少量しか仕入れない一社が、値下げ交渉をしようとしても、思うようにはいきません。やはり共同購入が一番よいでしょう。

たとえば年間20棟の会社が50社集まれば、年間1000棟です。その50社が手を組んだ「共同仕入れ体制」なら、仕入れの価格を下げることは可能です。

また、私たちビルダー仲間が、某大手コンサル会社の力を借りて連携している「夢家プロジェクト」に加盟してもらえれば、当団体用の仕入れ価格が適用され、簡単に建材・設備メーカーの仕入れ価格を下げることが可能です。

もしご興味がありましたら、ご連絡頂ければと思います。

【夢家プロジェクト本部　0120(06)9898】

二つのブランドで勝負

「夢家」を立ち上げ、建材や設備機器・職人会社への発注金額を下げることに成功しました。

しかし、あらたな悩みが浮上しました。

超ローコスト住宅を手がけることで、それまで作ってきた弊社のブランドイメージが下がってしまうのではないか……そんな悩みです。

皆さんも自社製品と比較して、低価格の商品を売り出そうとしたら、自社のブランドイメージ、ブランド力が下がるのではないかと、心配してしまうと思います。

もちろん、別会社を作ることも考えました。

しかし当時私は既に二つの会社を経営していました。

さらにもう一つ他の会社をやるのは、精神的な負担だけでなく、コストもかかり、リスクもあると考え、実行には移しませんでした。

結局〝二つのブランドで勝負してみよう〟そんな結論に至りました。

そこで最初にやったのは、「夢家」のロゴをつくることです。

夢家のロゴは、スタイリッシュハウスとはまったくイメージが違うものです。そしてホームページも、まったく違うイメージでつくりました。

超ローコスト住宅「夢家」のモデルハウスに立てるノボリは、すべて夢家のロゴにしました。チラシにも社名は小さく記載し、夢家という会社がやっているイメージにしました。

さて営業マンですが、超ローコスト住宅専門スタッフを雇おうかとも思いましたが、雇いませんでした。

「夢家」ブランドの名刺を作り、今までの営業マンに渡し、その名刺で営業活動をやってもらいました。

つまり、チラシやホームページ、現場のシートなど、マーケティング関連はすべて「夢家」で統一しました。

しかしそれ以外の部分は、今までと同じで対応することにしたのです。

● スタイリッシュハウスと夢家のロゴマーク

二つのブランドで相乗効果

このような営業体制のもとで、超ローコスト住宅「夢家」の販売がスタートしました。チラシを打ったところ、想像以上の集客がありました。

ここで面白いエピソードを紹介します。

夢家で広告を打ったところ、あるお客様がさっそく「夢家」のモデルハウスに足を運んで下さいました。

しかしそのお客様は、すでにスタイリッシュハウスで契約をされているお客様だったのです。展示場の扉を開けて入ると、スタイリッシュハウスの担当営業マンがいたため、そのお客様は目を丸くして、

「あれ？　○○さん、どうしてここにいるの？」と、大変驚かれました。

「いえ、実はうちはこんな建物もやっていまして……」と、営業マンが答えると、「ちょっと気になったので来てみたんですよ」と、お客様は、ややバツが悪そうに笑い返しました。

一方、スタイリッシュハウスでは、値段が合わず、契約しなかったお客様。

そのお客様が、夢家のチラシを見て、モデルハウスに訪れ、「あれ、こんな建物もやっ

ていたんですか？　この建物でこの価格ならいいよね」とおっしゃり、とんとん拍子で契約になったこともありました。

今までスタイリッシュハウスで契約をしぶられたお客様を、「夢家」で開拓することができ、おかげで契約数も増えました。

さらに夢家のチラシを見て展示場に来たお客様で、この建物ではちょっと違うな……と思われている場合には、うちの会社が従来からやっている自由設計のモデルハウスにご招待して、そちらで打ち合わせをしました。

すると「夢家のようなシンプルな建物だけでなく、こういう自由設計もやっているんですね、こちらで契約します」とおっしゃいました。

超ローコストの夢家のチラシで来場して来たにも関わらず、結果的に、そのお客様はうちのプレミアム商品で契約をされました。そんな相乗効果もあったのです。

つまり同一エリアで、二つのブランドで勝負をかけたところ、地域の需要をさらに深掘りすることができたのです。

地元であれば、慣れたエリアなので、土地勘が働き、どこそこにどんな土地がある、あの辺ならこれくらいの価格で土地が買える、というのも分かります。

●プレミアムのパース・チラシ

これが他のエリアで展開していたら、そうはいきません。

新たな地域ですと、土地勘がないので、ゼロから出発しなければなりません。

以前から展開する営業エリアだったため、そのロスも省くことができたのです。

● 夢家のパース・チラシ

全国の工務店が視察に来るモデルハウス見学会
えっ？・この建物がこの値段で出来るの？
現在まで計97社の工務店社長や工事部長がビックリ仰天した
話題の夢家モデルハウスの見学会が太田市内ヶ島町にて開催致します。
もしまだ見学されていないご家族様、この機会を是非お見逃しなく！
夢家
ご来場特典!!
マックカード
2,000円分
768万円〜(本体価格)
家族も家も触れあって成長します
買える夢のマイホーム
夢家シリーズ一覧
768万円
945万円
889万円
1,070万円
1,096万円
モデルハウス見学会案内は裏面をご覧下さい →

超ローコスト専門店
屋上庭園のある
モデルハウス見学会
(本体価格)
768
(税別)
万円〜
11/21土・22日・23月祝
10:00 ▶ 5:00
雨天開催
★家づくり勉強会同時開催！★
そのまま住めるこのモデルハウスは見学会終了後、販売いたします。
ご予約プレゼント!!
ご予約にて見学会にお越し下さったお客様にお車代として
ハーゲンダッツギフト券
2枚プレゼント!!
見てもらいたいポイント
・コンパクトな建物なのに収納力バツグン!無駄のない間取り
・屋上には家族や仲間とも楽しめるプライベートガーデン
・家の中での温度差が少なく、快適な住環境にする高断熱材の秘密
0120-06-9898

第二章

利益の拡大方法はまだある

さらなる利益拡大を目指して

・仕様がすべて決定するまで、着工しないこと。
・実行予算書を完璧にすること。
・協力会社さんへの発注書、請書を確実に交わしてから、工事にとりかかること（追加工事も含む）。

超ローコスト住宅の「夢家」を立ち上げて、この三つを徹底して行なったことは前章で述べました。

原価のコストダウンを図るうえでも大切な、協力会社さん（職人会社）への発注の留意点についてまずお伝えし、本題の利益拡大方法についてもご紹介したいと思います。

職人会社の見積書を解体しよう

「夢家」を立ち上げて、安くて腕のいい職人さんに仕事をお願いする時に、原則うちの会社では見積りはとりません。

多数の同業の住宅会社から得た情報をもとに、各業種の職人さんの発注単価を10段階に区分し、下から3番目に安い価格で、指し値でお願いする。

その手法は前章でも書きました。

そもそも職人会社さんは、どのようにして見積りを出すのでしょうか？

職人会社はどんな業種であっても、材料＋人件費（人工×○○○○○円）＋諸経費＋利益＝見積価格となります。

1人工平均1万6０００円（一部被災地を除く）とすると、延べ10人の職人さんが仕事をすれば、1万6０００円×10人工＝16万円、材料費が10万円なら、それで26万円。さらに諸経費を2割加えて30万円、そして最後に利益をのせた額が、見積書の金額となります。

これは水道屋さん、電気屋さん、基礎屋さん、内装屋さん、どのような職人会社でも一緒だと思います。

ですから見積書を分析することで、職人会社の底値を知ることもできるのです。仮に、A社の1棟の発注金額が50万円だとします。

50万円の内訳は、材料費10万円、1人工1万6000円×10人で16万円、諸経費2割で32万円。つまり50万−32万＝18万円が、A社の利益となるのです。

このようにさまざまな職人会社の見積内訳を、住宅会社はきちんと把握しておくと、交渉を有利に進めることができます。

ポイントは人工と材料費を知り、見積書を解体するということ。

たとえば、水道屋さんはその現場で職人さんが何人工かかっているのか、電気屋さんは？　左官屋さんは？　そして材料費がいくらかかっているかなど。

現場監督が考えれば、職人さんが何人工でこの現場をやっているのかはすぐに分かります。

職人会社の見積書の仕組みを理解し、チェックする。

それをすれば、自分の会社は各業者に支払いすぎていないかを見極めることも可能なのです。

そして反対に、無理な金額（殺す価格）で発注していないかも、チェックしなくてはなりません。無理な価格での発注は、結果的に腕のいい職人さんと末永くお付き合いができなくなってしまう原因となるからです。

重点ポイント

● 職人さんがこの現場で何人工かかっているかを把握する。

オプション込みの発注金額で、単価を下げていく

職人会社さんと価格交渉するときの有効な方法はまだあります。

一つご紹介しましょう。

住宅を販売する場合、たとえば坪単価29万８０００円ですと、30坪で約９００万円になります。

そこからオプションがいろいろ加えられ、結果的に住宅の契約は１５００万円くらいになります。

つまり最初はお客様に小さく見せて、だんだんと足していく方法です。

職人会社さんとの価格交渉はその逆です。

たとえば水道屋さんに発注する場合、まずオプション込みの発注金額として60万円を提示します。

その金額の中には、二階のトイレや洗面台の工事費も入っています。エコキュート®の接続費も、食洗機の工事も入っています。これらの工事すべて込みで60万円で発注します。

すると水道屋さんにしてみたら、１棟でそんなに単価がいいのなら、じゃあやってみようかな、ということになります。

さて、ここからです。

たとえばエコキュート®をお客様が必要としなければ、60万円の発注単価から取付け費（基礎共）6万円引きます。2階の洗面化粧台も必要なければさらに2万円引きます。

このような取り決めを事前に交わしておくのです。

最初は60万円の発注金額でした。しかしオプションがつかなければ、その額はどんどん下がっていきます。

とはいっても、たいがい何かしらのオプションはつくものです。職人会社さんも納得したうえで、仕事が受けやすくなります。

私はこれまで「夢家プロジェクト」を通じて、全国130社以上の住宅会社の原価を下げるお手伝いをしてきました。

その経験から、経営の目安についても、あらかたの見当がつくようになりました。

この会社はもしかしたら一、二年で潰れるのでは……と思い、そこで働く職人さんにいくらで請け負っているのか尋ねてみたことがありました。

発注単価を教えてもらい、お客様との契約金額を想定しました。これでは利益率が少ないので、長くは続かないだろうと思っていたら、本当にその会社は倒産してしまいました。

また年間100棟を手がけている住宅会社さんでも、倒産の憂き目にあっています。のちに辞めた社員さんに話を聞くと、1棟あたりの利益率が低かったことが分りました。各職人会社の見積書をしっかりと見て、自分の会社は払い過ぎてはいないか、逆に安すぎて職人さんに無理をさせ過ぎていないか？

完工後の粗利を確保するうえでも、経営を安定させていくうえでも、入念なチェックが重要なのです。

発注書、請書、請求書を必ず同一金額にする

スタイリッシュハウスを設立して間もない頃、ある職人会社さんの工事が完了し、後日、請求書が送られてきました。

その請求金額を見て目を疑いました。

勝手に追加工事の代金8万円が上乗せされていたのです。

まさか、こんな請求書が送られてくるなんて……。私はビックリしました。

同時にこんなことも考えざるを得ませんでした。

他の業者さんからも同じように追加工事を上乗せした請求書が送られてくる可能性がないとは限らないと……。

それ以来、工事を始める前に、こちらからまず発注書を発行する。そして業者さんからも、請書をきちんと返してもらう。追加工事ももちろん、そのステップを踏んでから工事を始めてもらう。大手ハウスメーカーでは当たり前のことを鉄則のルールにしました。

とはいっても、工事を始める前にこちらが発注書を発行しても、勝手に追加工事を上乗せした請求書を送ってくる。その可能性はやはり拭えません。

そこで私は、協力会社さんとの金額の行き違い、ズレをなくしていくために、発注書、請書、請求書を一枚にするようにしました。

もちろん追加工事が出た場合も、同じように一枚にします。

ここに記されていない請求は絶対に出てこない。それを徹底してもらうのです。

そもそも職人会社の請求書というのは、会社によって大きさや書式がまちまちで、こちらも管理が大変です。

そのような経験をお持ちの住宅会社さんも多いのではないでしょうか？

だからこそシンプルに、発注する側の会社の書式に統一してしまうのが一番なのです。弊社の場合は、発注書、請書、請求書が一枚になっているので、想定外の追加請求が出ることがありません。

なぜ、そこまでしないといけないのか？

前述の通り、「あの作業を追加したから」「この作業を追加したから」と、職人会社さんのほうで、数字を勝手に書き込んできてしまわないようにするためです。

● 請求書の見本

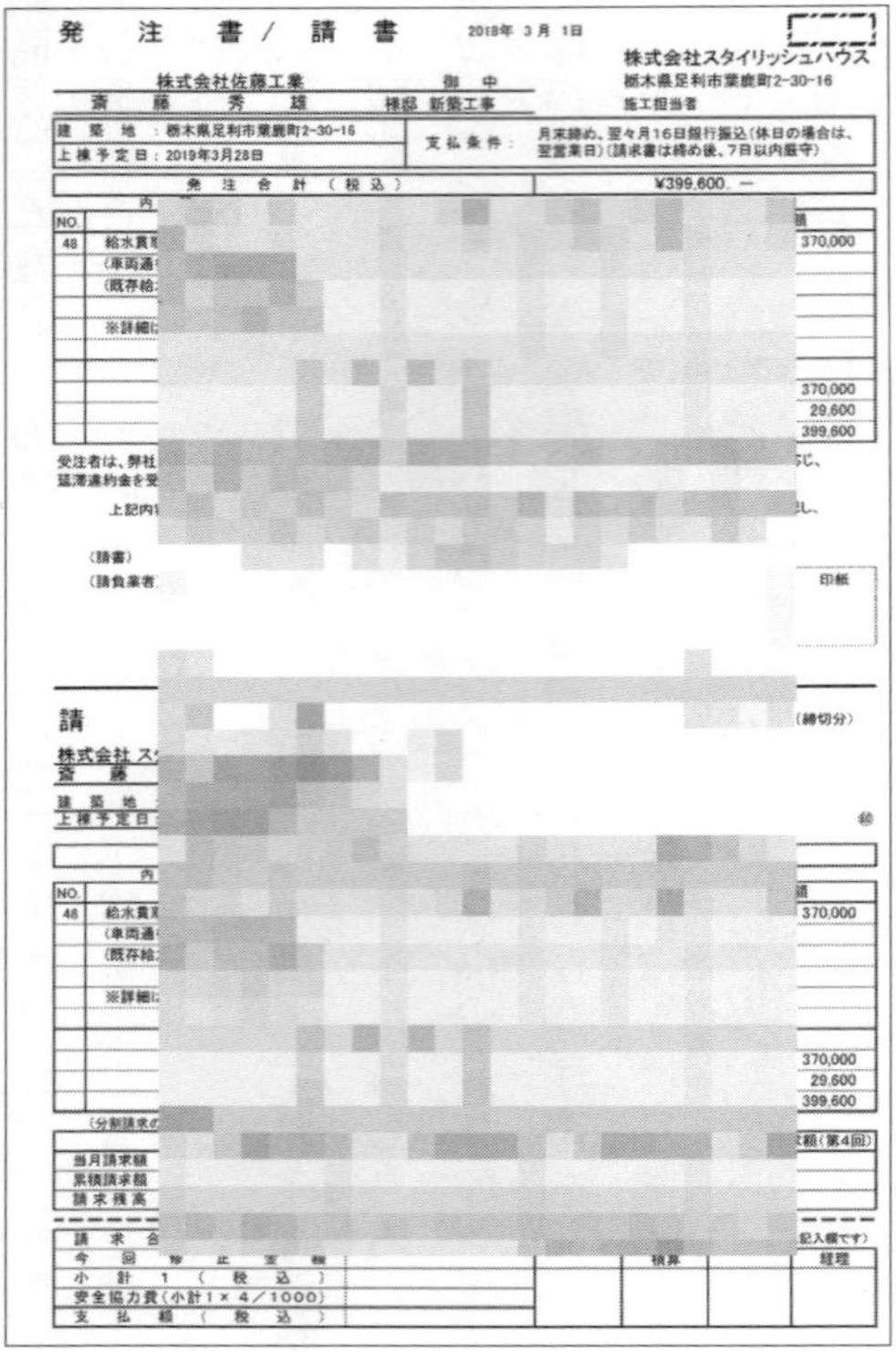
発　注　書／請　書　　2018年 3月 1日

株式会社スタイリッシュハウス
栃木県足利市葉鹿町2-30-16
施工担当者

株式会社佐藤工業　御中
斎　藤　秀　雄　様邸 新築工事

建築地：栃木県足利市葉鹿町2-30-16
上棟予定日：2019年3月28日
支払条件：月末締め、翌々月16日銀行振込（休日の場合は、翌営業日）（請求書は締め後、7日以内厳守）

発注合計（税込）　¥399,600.－

NO.	内[redacted]	[redacted]額
48	給水貫[redacted]	370,000
	（車両通[redacted]	
	（既存給[redacted]	
	※詳細[redacted]	
		370,000
		29,600
		399,600

受注者は、弊社[redacted]じ、
延滞違約金を受[redacted]
上記内[redacted]し、

（請書）
（請負業者[redacted]　印紙

請[redacted]（締切分）
株式会社 ス[redacted]
斎　藤[redacted]
建築地[redacted]
上棟予定日[redacted]

NO.	内[redacted]	[redacted]額
48	給水貫[redacted]	370,000
	（車両通[redacted]	
	（既存給[redacted]	
	※詳細[redacted]	
		370,000
		29,600
		399,600

（分割請求の[redacted]額（第4回）
当月請求額[redacted]
累積請求額[redacted]
請求残高[redacted]

請求合[redacted]記入欄です）

			積算		経理
今回発注金額					
小計1（税込）					
安全協力費（小計1×4／1000）					
支払額（税込）					

業者さんが少しでも上乗せしたくて、現場監督が理解しづらい項目を勝手に追加してしまう。逆に請求できるはずの金額を職人会社さんが請求し忘れてしまう。現場監督のミスで追加になったので請求しにくい、そんな事態も防ぐためなのです。

フォーマットを決めて、双方合意した工事内容と金額で請求してもらう。それを徹底するのです。

完成後の粗利を確保するためにも、職人会社さんの利益を守るためにも、本体工事はもちろん、追加工事も、発注書、請書をきちんと交わす。

ぜひ実行して頂きたいです。

重点ポイント

●発注書・請書・請求書の金額を揃える。
●指定請求書をつくりチェックしやすくする。

入場者教育は入念に

弊社では、はじめて取り引きする業者さんには、必ず「入場者教育」を行なっています。

この時、「弊社との約束」を交わして頂きます。

うちと仕事を行なううえで注意すべき点、たとえば、茶髪やピアス、派手な服装はだめ、たばこは基本禁煙で、指定場所でのみ喫煙可能、車のエンジンのかけっぱなしは不可、ヘルメットの着用など……このような約束ごとを守って現場に入ってもらうように、誓約書にサインをもらいます。

なぜそんなことをするのか？

たとえば、現場監督が茶髪の職人さんを見つけたとしても、作業中には、なかなか注意しづらいものです。

しかし最初に誓約書を交わしておけば、「ちゃんと約束していますよね、守って下さいね」と言いやすくなります。

現場の職人さんというのは、常に近隣の住人の方たちの目にも、とまっています。

〝あそこの現場の職人さんたちは、皆、清潔感があって、挨拶もしっかりしている……〟。そんな印象を持ってもらうことは、住宅会社のイメージアップにもつながります。
だからこそ、入場者教育は入念に行なうことが大切なのです。

● スタイリッシュハウスとの約束書類

スタイリッシュハウスとの約束

説明者　　　　　　　　　　印

新規登録業者　　　　　　　印

① スタイリッシュハウスの企業理念・使命に賛同出来ない方は、業務に就く事を禁じます。
② 笑顔で明るい挨拶が出来ない方は、業務に就く事を禁じます。
③ 現場で判断に迷った時の監督への報告・連絡・相談を優先することが出来ない方は、業務に就く事を禁じます。
④ 身なり（茶髪・長髪・ピアス・派手な服装）の乱れ、不快感を与える方は業務に就く事を禁じます。
⑤ 毎日の整理整頓・掃き掃除・片づけ・養生の出来ない方は、業務に就く事を禁じます。
⑥ 材料・器具はお客様のもの。大切に扱う事が出来ない方は、業務に就く事を禁じます。
⑦ 建物内での土足の区別の出来ない方は、業務に就く事を禁じます。
⑧ エンジンのかけっぱなし、近隣への配慮、管理の出来ない方は、業務に就く事を禁じます。
⑨ タバコは指定場所を確保し、また、自己管理が出来ない方は業務に就く事を禁じます。
⑩ 外部作業・高所作業で保安帽を装備し、自己管理が出来ない方は業務に就く事を禁じます。
⑪ 貴社の許可なく、業務上で知り得た機密情報を他へ漏らす事を禁じます。
⑫ 貴社の機密情報に不正アクセスしたり、意図的な機密情報を入手する事を禁じます。
⑬ 貴社に許可なく、書類等を持ち出す事を禁じます。
⑭ スタイリッシュハウススタッフに対する、飲食等の接待及び謝礼・手数料・お中元・お歳暮等の授受を一切禁じます。
⑮ 教育・指導・情報共有について、元請（スタイリッシュハウス）が1次下請け業者へ行い、2次・3次下請け業者へは、1次下請け業者が行なう事と定める。
⑯ 貴社に故意または重大な過失により損害を与えた場合は、その賠償責任を負う事とする。
⑰ 本書面に定めない事項については、協議の上、定めるものとする。

企業理念

「愛してる。」お客様を愛し、仲間を愛し、地域を愛し、仕事を愛しています。

使命

仕事を通じて家族の幸せを追及すること。

上記スタイリッシュハウスとの約束を守り、常に気持ちを引き締め責任ある行動に取り組みます。

平成　　年　　月　　日

住　所

社　名

代表者名　　　　　　　　　　㊞

発注権は工務監督以外に

過去、私が見聞きした現場監督の内職の話をしましょう。

内職といっても、家に帰って、奥さんと一緒に何かを手作業しているというわけではありません。

業者への発注金額が20万円でいいところを、30万円で発注して、差額の10万円のうち、5万円をキャッシュバックさせたり、飲食の接待を受けたりすることです。

残念ながら、これは全国各地で起こりうる事例だと思います。

もしかして、お金に困ったがための、ほんの出来心だったのかもしれません。

ならば、そのような出来心を起こさせないようにする仕組みを経営者は作っていかなければなりません。

そんな理由から、私の会社では、各業者さんへの発注権を現場の工務監督に持たせないようにしています。

工務監督が発注権を持ってしまうと、前述のように、現場にいる業者さんと談合して、キャッシュバックなどの不正が起こりかねないからです。

もちろん、スタッフさんも協力会社さんも信頼したいのは、やまやまですし、大半の人たちは、不正とはまったく無縁です。

また、現場監督に発注権を持たせないのも、原価コストダウンのノウハウの一つともいえるのです。

ちなみに、うちの会社では、積算と発注の部署は女性のパートさん一人がずっと担当していました。

現場にいる人間だと、自分のミスを職人さんにフォローしてもらい、借りを作ってしまい交渉がしづらい、また業者さんとの接触が多いため、接待や贈り物などをされる率がどうしても高くなり、つい甘くなってしまう……。

私自身、現場監督をやっていた経験があり、自分のミスをカバーしてくれた業者さんや、仲の良い職人さんには、どうしても発注金額が甘くなることを経験しているからです。

そのような状況を防ぐために、発注は経営者もしくは現場監督以外の人が担当するのがベストといえます。

大手ハウスメーカーでは、このようなことは当たり前になっていることです。

しかし、地場の工務店などでは、工務監督が実行予算書の作成も発注も任せられるケースがよく見受けられます。
自分の会社では、誰が発注権を握っているのか、今一度、確認することをお勧めします。

重点ポイント

● 現場監督と発注者を分ける。

実行予算書の作成段階で、粗利の確認を

さらに実行予算書の作成段階で、どこに発注するのか、完成後に粗利がどれくらい出るのか、きっちりと把握しましょう。

理想は実行予算書を作成しないうちに、着工してはいけない！

各業者さんにも発注書が出ない限り、作業はしないと約束させなければなりません。

これも、大手ハウスメーカーでは当たり前に守られていることです。

しかし年間30棟くらいまでの会社ですと、それができていないことが多いのです。

重点ポイント

● 着工は実行予算書が確定してから！

「言葉のお約束」でしっかり確認

建物が完成したのに、お客様から「クロスの色が違っていた」「ユニットバスの色が違う……」会社を設立して間もない頃、こんなトラブルが何度かありました。

クロスであれば張り替えることで対応ができます。しかし、ユニットバスだと完全に入れ替え工事になってしまいます。100万円単位でお金が消えていきました。

また「屋根のイメージが違う」と言われ、やり直しをしたこともありました。基礎では「高さが違う」と、打合わせの段階ではOKをされているものまでも、証拠がない、もしくは書面に残さなかったとお客様から言われ、基礎を壊してやり直したこともあります。

このようなお客様との行き違いが出てしまったのも、すべての仕様をきちんと決めてサインを頂いていなかったからです。

このような場合、こちらがお客様のクレームやご要望に応じなければならない！最初の頃、そんな経験を何度も味わいました。

これを防ぐために、弊社では、家を建てるお客様に対して、目標としていた会社さんに習い「言葉のお約束」を取り入れることにしたのです。

打ち合わせ時にお客様の前で、打ち合わせ内容を複写式の書類に記入していく方法です。お客様の前で内容を確認し、復唱し、最後にサインを頂き、2枚複写の一枚を必ず最後にお渡しします。

なんといっても家を建てる時には、床材はどうする、窓はどうする、ドアはどうする、さらに浴室やキッチン、水道の蛇口までと、何百という箇所の仕様を決めていかなければなりません。しかもそれを部屋ごとに行なうのです。

きっちりと打合わせ記録を残しておかないと、後から〝言った言わない〟のトラブルが起こりかねません。

仕様書はもちろん「言葉のお約束」として、それ以外の約束事をすべて書き込み、その場でお渡しする！

建物完成後のお客様とのトラブルを回避する最善策の一つです。

繰り返しますが、

「実行予算書を完璧にすること」
「協力会社さんへの発注書、請書を確実に交わしてから工事に取りかかること」
「お客様と仕様や配置をすべて決めてから、工事に取りかかること」

大手ハウスメーカーでは、これらのことは当たり前のこととして徹底しています。しかし、小さな住宅会社ですと、少しでも早く着工して、お金を頂こうとするあまりに、それがおざなりになってしまうことが多く見受けられます。

ここをおろそかにすると、粗利がとれないばかりか、大きなトラブルの原因を作ってしまうこともあるのです。

自分の会社で、これらのことが徹底されているか？

ぜひともチェックしてみて下さい。

● ことばのお約束

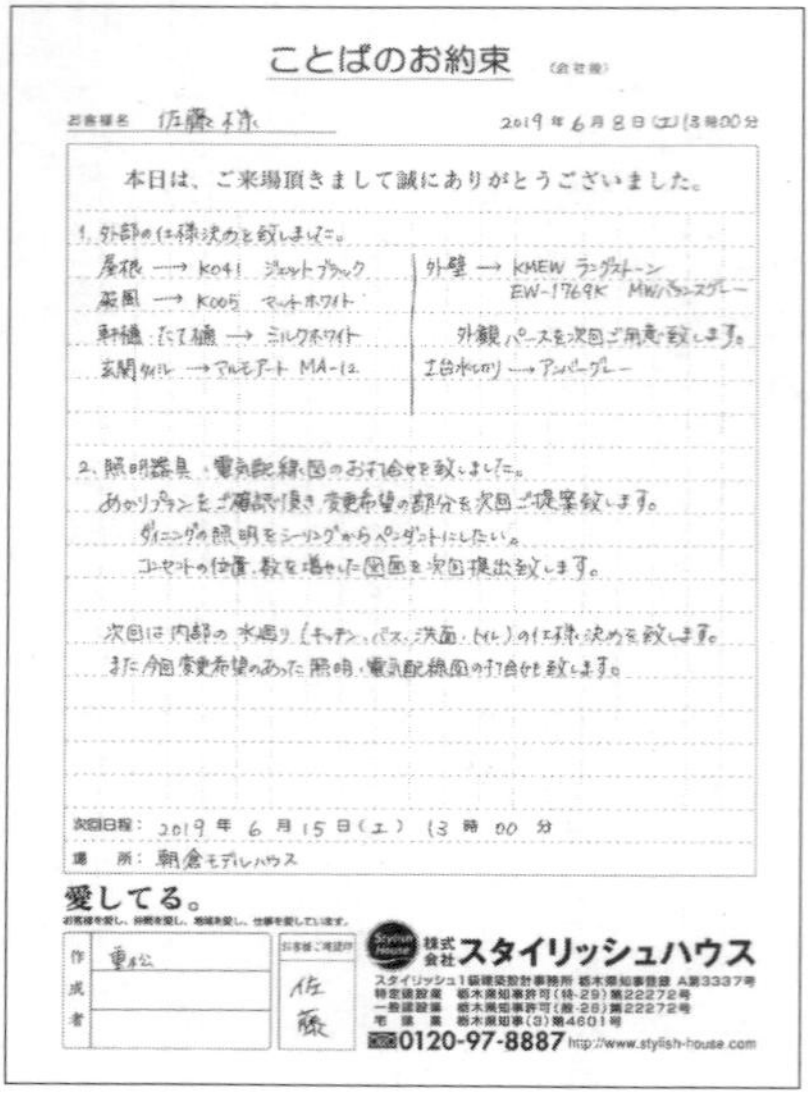
ことばのお約束 (会社用)

お客様名 佐藤様　　2019年6月8日(土)13時00分

本日は、ご来場頂きまして誠にありがとうございました。

1. 外部の仕様決めを致しました。

屋根 → K041 ジェットブラック
破風 → K005 マットホワイト
軒樋 たて樋 → ミルクホワイト
玄関タイル → アルモアート MA-12

外壁 → KMEW ラングストーン EW-1769K MWバランスグレー
外観パースを次回ご用意致します。
土台水切り → アンバーグレー

2. 照明器具・電気配線図のお打合せを致しました。
あかりプランをご確認頂き変更希望の部分を次回ご提案致します。
ダイニングの照明をシーリングからペンダントにしたい。
コンセントの位置、数を増やした図面を次回提出致します。

次回は内部の水廻り（キッチン、バス、洗面、トイレ）の仕様決めを致します。
また今回変更希望のあった照明・電気配線図の打合せも致します。

次回日程：2019年6月15日(土) 13時00分
場　所：朝倉モデルハウス

愛してる。
お客様を愛し、仲間を愛し、地域を愛し、仕事を愛しています。

作成者 重松　　お客様ご確認 佐藤

株式会社スタイリッシュハウス
スタイリッシュ1級建築設計事務所 栃木県知事登録 A第3337号
特定建設業 栃木県知事許可(特-29)第22272号
一般建設業 栃木県知事許可(般-28)第22272号
宅建業 栃木県知事(3)第4601号
0120-97-8887 http://www.stylish-house.com

不労所得で利益をアップ

会社の利益を拡大するための「間接的利益」も忘れてはなりません。

たとえば、家を建てたお客様に、地元のカーテン屋さんを紹介すると、紹介料がもらえます。

少額ですが工事以外のところで利益を確保することができるのです。

その他にもさまざまな住宅関連の事業者さん（引越し会社、浄化槽管理会社、家具屋、ガス会社、警備会社、火災保険、生命保険など）から、事前に契約しておくことで、紹介料を頂くことができます（76ページ参照）。

とくに損害保険会社の代理店となり火災保険を紹介すると、大きな報奨金がもらえます。

これらは労力をかけずに、確実に利益を得られる不労所得です。

しかも提携先だけに安価で、対応も良く、お客様にとってもメリットがあります。

ぜひ活用して下さい。

● 不労所得の例

不労所得

業種	紹介料	
ガス会社	1棟	20,000円
引越し会社	売上	5%
カーテン会社	売上	10%
浄化槽管理会社	1棟	8,000円
家具屋さん	売上	10%
警備会社	1棟	30,000円

※住宅建築工事を請け負う時、様々な住宅関連の事業者の需要が発生します。
事前に、指定業者の方を推薦し、契約になった場合の紹介料をスタイリッシュハウスでは、不労所得と呼び、紹介料を取り決めておきます

安全協力費の意義

また各協力会社さんから、安全協力費（請求額の0・3～0・5％）を頂くことも検討しましょう。

たとえば建物が出来上がった後、どの業者さんがやったのか分からない、キズが床や壁に見つかったとします。

その補修費に2万円かかるとします。

それは誰が支払うべきなのか？

このような誰がやったか分からないキズなどの修理を、安全協力費から支払うことで、住宅会社は利益を損なわずに済むのです。

徴収した安全協力費は、修理費だけでなく、ヘルメットや消火器の設置など、安全管理のためにも使います。

このようなことも、きちんと行なえば、業者会などで、必要経費としての意義が伝えやすくなります。

前項で述べた住宅関連事業者からの紹介料、そして安全協力費などの間接的収益を得ることは、経営の安定にもつながります。

ちなみに、うちの会社では安全協力費だけでも年間３００万円、またカーテン、ガス、火災保険だけでも３００万円くらいになります。

会社の規模が小さければ小さいほど、占める比重は大きくなると思います。

大手ゼネコンや大手ハウスメーカーは安全協力費を導入し、各業者さんから当たり前に徴収しています。これはゼネコンの考えで、私はゼネコン営業をやっていた経験から知っていました。

現場でのキズは、多くの業者さんが出入りするので、誰がつけたキズか？　本当に分からないこともあります。

安全協力費でそれをカバーできるのです。

弊社では余ったお金は、業者さんとの親睦会や忘年会の費用などに使っています。

安全協力会議の必要性

また三カ月に一回、全協力会社の代表者や責任者の方に集まって頂き、安全協力会議を開いています。

二時間程度のものですが、安全に関する話はもちろん、ここで業者さんから、普段聞けない要望などをヒアリングしたり、質疑なども受け付けます。

その時に、優秀協力業者さんを表彰します。定期的に会議を開き、協力会社さんとの関係性、信頼を深めていくことで、質の高い仕事を行なってもらえる一助となっています。

重点ポイント

● 請求額から自動的に安全協力費を徴収する仕組みをつくる！

● 優秀協力業者さんの表彰

第三章

着工前の会議や社内検査は徹底的に行なう

着工前の会議は入念に

ようやく建物が完成したのに、トラブルが出て、粗利が下がってしまう……。

着工前にすべての仕様をお客様と決めていなかったことが原因の一つであることは、前章でもお伝えしました。

このような事態を招かないために、うちの会社では、着工前にいくつかの会議を行なっています。

この章では、その会議や社内検査などを中心にお話してみようと思います。


まずは「社内連携会議」。

これは現場が着工する3週間前に、営業担当と工務担当が、設備の仕様、内部の仕様、外回りの仕様を図面と仕上げ表を見ながら確認し合います。

またその時に、そのお客様に対して気をつけるべきポイントなども確認し、引き継ぎを行ないます。

そして着工の2週間前に「お客様最終打合せ」を行ないます。

「これが着工前の最後の打ち合わせなので、すべての仕様を決めて下さい。これ以降、原則変更はできません」という住宅会社側からお客様への宣言にもなります。

もちろん多少の変更が出てくることはあります。

しかし原則できないことをお客様に念を押し、未確定のすべての仕様をここで決めてしまうのです。

この「お客様最終打合せ」では、工事監督と営業担当が、最終の平面図、立面図、断面図、配置図、配線図、仕様書、プレゼンボード、工程表などを準備し、お客様と一緒に確認を行なっていきます。

「いつから着工になります」「図面はこれでよろしいですね」「○○はこれでよろしいですよね」、と工程の説明と仕様確認をすべてやり、最後にお客様から承認のサインを頂きます。

もし最終打合せの後、追加変更や図面の修正が出た場合には、早急に変更を図面などに反映させ、お客様宅にお届けし、サインをいただきます。

そして「お客様最終打合せ」の後、実行予算書と発注書を作成します。

「社内連携会議」と「お客様最終打合せ」。

この二つを入念に行なうことで、思わぬミスが防げ、完成後のトラブルを回避できるのです。

また会議に関しては、段取りよく、無駄のない回数、無駄のない時間で手際よく行なっていくことも、経営者は心がけないといけません。

入念に会議を行なうことは、もちろん必須です。

しかし、だらだら会議は非効率であることが多いので、気をつけましょう。

重点ポイント

●「社内——会議」「お客様——打合せ」のように、ネーミングから意を伝えるのも大切です。

工程をオープンボードで管理する！

また社内では、お客様の着工前工程の進捗管理を、着工前オープンボードに記入します。着工前の段取りに洩れや遅れがないように、一目で分かるようにしておくためです。営業担当者が、着工準備の段取りをお客様にスムーズに伝えるためにも必要です。

着工後も同じく社内の工程オープンボードを会議などに利用します。各物件の着工以降、完工までの工事スケジュールを記入し、社内スタッフ全員が、一目で各お客様の工事の進捗状況が分かるようにしておきます。

また、上棟セレモニーや、構造段階での電気配線やスイッチ、コンセントなどの中間確認、お引渡しなどの重要イベントに関しては、時刻まで記入することを徹底しています。

● オープンボードの例

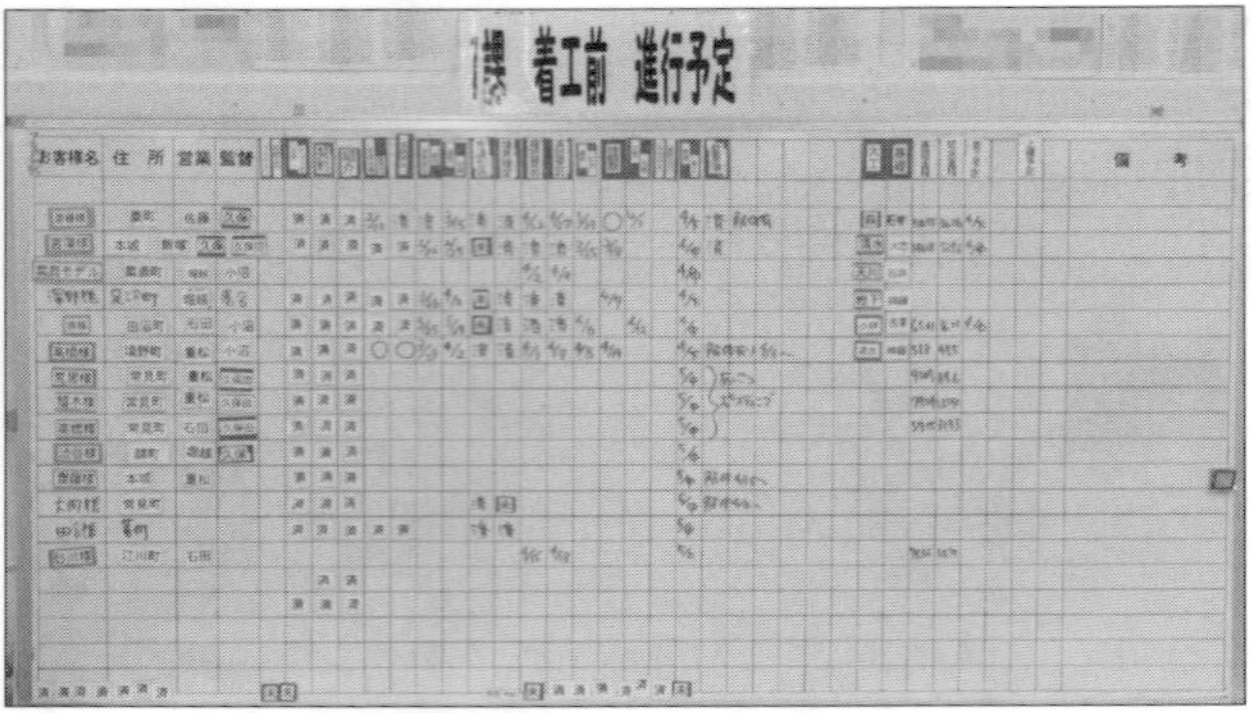

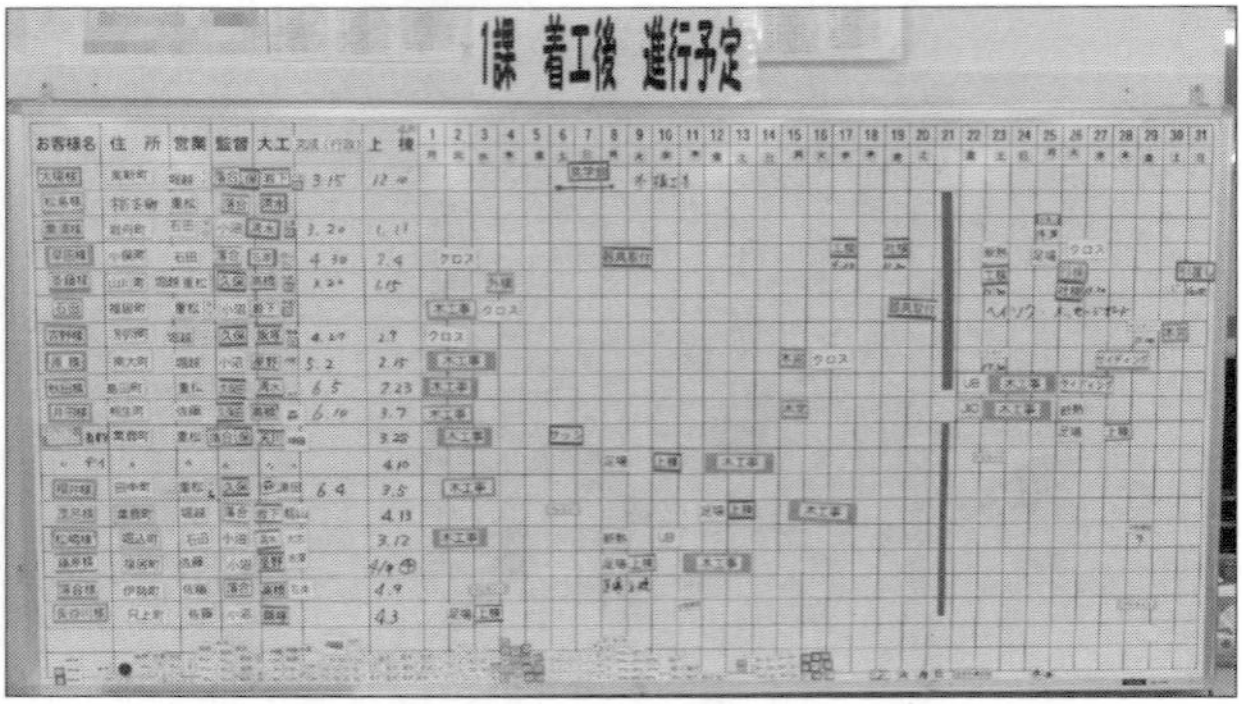

着工後はお客様にフライデーコール

着工後もお客様とのコミュニケーションを定期的にとることを忘れてはなりません。そのひと手間がお客様への安心や信頼につながっていくのです。

弊社では、毎週金曜日になると、お客様に工事の状況などをお伝えする〝フライデーコール〟を実施しています。

着工前に、お客様がメールやLINE®、電話などで確認しやすい時間帯をヒアリングしておきます。

着工後、担当監督か、営業担当が、金曜日のその時間帯になるとメールやLINE®、電話で報告します。

またお客様のほうから、ご要望や心配な点があれば、貴重なご意見として内容を詳しくお聞きします。

すぐに対応が必要なものは、担当者が社内に報告を行ない、検討し、お客様にフィードバックするようにしています。

すべての仕様を着工前に決めてしまうと、着工後、営業マンは特にお客様と話す機会が極端に減っていきます。

忙しいお客様だと、現場にもほとんど足を運ぶことができません。だからこそ週に一度のフライデーコールは、お客様との大切なコミュニケーションタイムにもなるのです。

この1週間やってきたことと、次の1週間どんな工事を行なうのか、それをきちんとお伝えることで、現場に行くことができないお客様にも、安心してもらえます。

時にはメールで写真や動画もお送りします。お客様に現場の状況をリアルに分かっていただけると好評です。

重点ポイント

● お客様への定期報告を仕組み化する！

お客様の目を検査官にさせるな！

屋根ができ、電気配線が終わった頃に、お客様を現場にお呼びして弊社では〝中間確認〟を行ないます。

この時に、お客様には電気のコンセントの数やスイッチの高さ、位置など、各部屋のさまざまな箇所で間違いがないか確認して頂きます。

「ここにもう一つコンセントが欲しい」といった、ご要望が出た場合の追加の対応も行ないます。

このお客様に現場を見て頂くことを弊社では「中間確認」と言っています。

「中間検査」ではなく、「中間確認」にしている点がポイントです。なぜなのか？「中間検査」としてしまうと、お客様の眼がとたんに検査官の眼に変わってしまい、急にチェックが厳しくなってしまう……そのようなことが起こりかねないからです。

しかし「中間確認」という名目で、お客様を現場にお呼びすれば、お客様は自分が頼んだように、きちんとできているかの〝確認〟にとどまります。

お客様を検査官に変身させてはいけないのです。

社内検査は外構工事を終えてから

建物が完成し、外構も完了したら、社内検査を行ないます。

通常の住宅会社ですと、建物が完成した後に、社内検査を実施します。

しかし弊社では、原則として外構も完成した後に行ないます。

なぜなら、社内検査後に外構業者が、何か問題を起こしてしまったら、それを見過ごすことになってしまうからです。

そうなると、今までのお客様からの信頼をいっきに揺るがしかねないのです。

実際、弊社でも、あるお客様から、

「スタイリッシュハウスさんに頼んで本当によかった、ありがとうございました」

そんなふうにお客様が大変満足され、感謝のお手紙まで頂き、住宅会社冥利に尽きる……そんな思いで、私もスタッフさんも皆、とても喜んだことがあります。

しかし後日、そのお客様から、

「外構工事が違うじゃない！」

と、お叱りの連絡が入りました。

数日前までは、あんなに建物でご満足いただいていたのに、なぜ急に……私もスタッフも驚きを隠せませんでした。

お客様がどうしてそんなに怒ったのか？

お客様は毎日室内から、外構工事を見ていたのです。

毎日のことですから、必然的に、お客様のチェックの目が厳しくなります。細かなミスでしたが、弊社の責任であることは間違いありません。

お客様に引き渡しをした後に、外構工事を行なうのは、かなり慎重にしなければならないと感じました。

それ以来、原則として、外構工事を終えてから、社内検査を行なうようにしました。

社内検査は協力会社さんにも立ち会ってもらう

また社内検査は、社員さん、パートさんのほか、施工を担当した協力会社さんにも立ち会ってもらっています。

点数制を導入しており、たとえばキズが一ヶ所あったらマイナス1点になります。協力会社さんにも確認してもらいます。

この時、水漏れなどがあったとすると、水道工事の業者さんにしてみたら、メンツがたちません。

クロスにスキがあったとしたら内装屋さんは赤っ恥です。

協力業者さんに社内検査に立ち会ってもらうことは、日々の作業をきちんとやってもらうことにもつながるのです。

同時に、社内検査を厳しくすることで、〝ここの会社は施工品質がしっかりしている〟ということを協力会社さんたちは肌身で感じます。

その安心や信頼が、協力会社さんからの紹介受注へとつながっていきます。

重点ポイント

● 社内検査(完成検査)には協力会社さんにも参加してもらう。

● 社内検査後の結果発表と集合写真

事務系社員のチェックはお客様目線になる

さらに社内検査に立ち会う社員さんは、営業担当や工務監督だけではなく、経理などの違う部署のスタッフさんにも来てもらうようにしています。

なぜなら一般のお客様の目線でチェックしてもらえるからです。

どんな些細なことでもミスはミスです。そのミスに気がつかないまま、お客様にお引渡しをしてしまうのは、絶対に避けなければなりません。

たとえば、お客様が住みはじめて、窓のまわりのネジが一本抜けていたのを発見したら……もちろん構造上に問題はありませんが、「他の箇所でもネジが抜けているのでは……」と疑心暗鬼になってしまいます。

そのような思いを抱いたまま、せっかく建てたマイホームで生活していくのは、楽しさが半減してしまうかもしれません。

お客様の住み心地の良さを想像し、想定して、社内検査を厳しく行なっていく！　社内検査が厳しければ、厳しいほど、建物の品質を高めることにつながっていくのだと思います。

床下にこそ現場の真実が

また見えない床下にこそ、現場の真実があるといっても過言ではありません。

私が水道工事の仕事をやっていた頃のことです。

あるハウスメーカーが手がける建物の床下を、作業の関係で開けてみました。

すると釘がごろごろ転がっていたり、資材が残っていたりしました。この会社は潰れるのではないか……床下の状況を見て、私はそんな予感を抱きました。

予感は的中してしまいました。

その住宅会社はその後、いっきに急落していったのです。

住宅会社の責任者は、自分の会社が建てた住宅の家の床下は、必ずチェックするべきだと、私は声を大にして言いたいのです。

私自身、自分の会社が建てた家の床下を、合羽を着こみ、潜ってチェックすることがあります。

こんなふうに住宅会社の社長が、床下までチェックするとなると、職人さんたちの気も引き締まります。

ともあれ、社内検査を厳しく行なうのは、施工品質の向上を図ることが大きな目的です。

同時に、業者さんから〝ここの住宅会社はしっかりしている〟と思ってもらえ、紹介受注へとつながることは先述した通りです。

ただし掃除というのは各業者さんの意識として請負金額の中に入っていないと思っていることが多いのも現実です。

一般的なモラルとして、また安全面からも、現場は常に綺麗にしておかなければなりません。

しかし、さまざまな業者さんが工事を行ない、プラスチックや木屑、ビスなどのゴミが出てしまっても、その後、大工さんが床や壁をはってしまうと、まったく分からなくなってしまいます。

見た目では一切分かりません。しかし、床下を開けて見れば、その会社のモラルはたちまち分かってしまうのです。

お客様にお引渡しする前に、必ず床下のチェック、そして掃除を忘れてはいけません。

「建設現場」には、その住宅会社の姿勢が現れてしまうものです。

お施主様だけでなく、周辺に住む方たちや、通りすがりの方たちにも、現場の整理・整頓は、その住宅会社の良し悪しを判断する材料にもなっています。

・建材等は整理されているか？
・ゴミ置き場は管理されているか？
・ゲートが設置されているか？
・路上駐車はしていないか？
・足場シートは乱れていないか？
・職人さんのマナーは良いか？

などは定期的にチェックすることが重要です。
最近では現場にｗｅｂカメラを設置して、常にチェックできるようにしている会社も増えてきました。

重点ポイント

● 完成後の床下をチェックしていますか？
● 現場は、ショールームと意識する。

着工前と完工後の粗利にブレがないかチェック

弊社では月に一度、完了会を行ないます。

これは社長、経理、積算の担当者が、実行予算書の内容を確認し合い、発注金額と請求額の誤差をチェックし、完工粗利が適正かを確認するのが目的です。

着工前の利益は25パーセントあったのに、終わったら20パーセントになっていた……。

予定粗利と完工後の粗利に差が出ている場合は、なぜそうなってしまったのか、原因を徹底的に追究します。そして問題点や課題を挙げて、今後の反省材料としていきます。

弊社では、この積み重ねで現在は、一円単位まで誤差のない原価管理ができるようになりました。

お家バースデー、紹介カード、引越し用ハガキを活用

お客様へ建物をお引渡しした日を「お家バースデー」と定め、お宅に訪問し、プレゼントをお渡しししています。

プレゼント内容は、地元の名産品やちょっとしたサプライズ感のあるものにしています。お客様が弊社で家を建て、この地域に住んで良かったと思っていただける、きっかけ作りでもあります。

お引渡し時には「紹介カード」もお渡しするようにしています。

お知り合いの方で、家づくりやリフォームを検討されている方をご紹介頂くと、3000円相当の商品券を差し上げたり、契約金額の1パーセントをプレゼントさせて頂く内容です。

この「紹介カード」は、常にお客様にご紹介をお願いするという社内での習慣づけの意味も含まれています。

また、お引越しハガキも20～40枚程度お渡ししています。

プロのカメラマンが時間をかけて撮影しているため、画像が美しくＳＮＳやホームページにアップされやすく、お客様からも重宝され、好評です。

撮影とハガキ印刷で約３万円が会社の負担となります。しかし、友人やご親せきなどに写真と弊社の社名やロゴ入りの引越しハガキが送られることで、結果的に高いＰＲにもつながっています。

重点ポイント

- お客様に家づくりやリフォームを考えている方を紹介してもらう。
- プロのカメラマンが撮影した家の写真をハガキにしてお渡しする。

● 引っ越しハガキ

● 紹介カード

ニュースレターは小さな営業マン

ニュースレターも3カ月に1度、手づくりして発行しています。

家づくりを通して大切に思っていることを、展示場に足を運んで下さったお客様や、家を建てられたお客様、協力会社様、弊社スタッフさん達にお伝えすることが目的です。内容はお役立ち情報や最近完成した建物、イベント情報などをバランスよく盛り込んでいます。

実際、ニュースレターを発行し続けることで、忘れた頃に以前、展示場に来場したお客様がひょっこり連絡を下さることも多々あります。

ニュースレターはじわじわと効果が期待できる宣伝ツールでもあり、小さな営業マンとなり、お客様と赤い糸で結んでくれます。

● ニュースレター

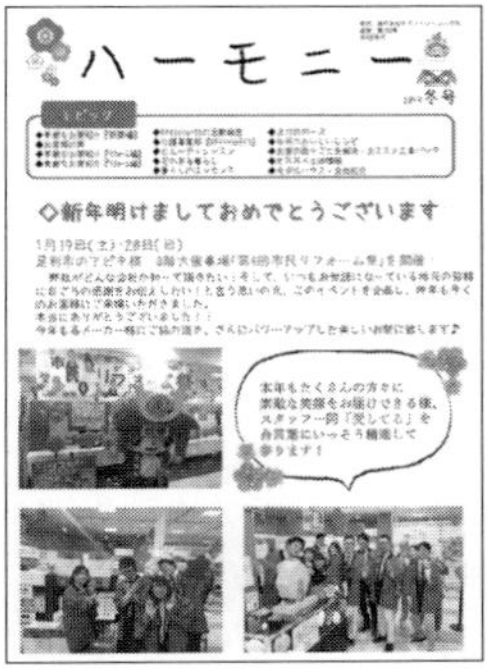
ハーモニー
◇新年明けましておめでとうございます

お客様の声
T様より

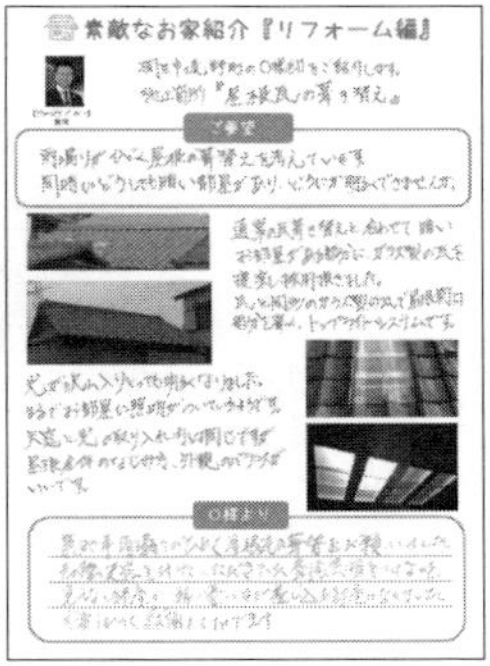
素敵なお家紹介『リフォーム編』
O様より

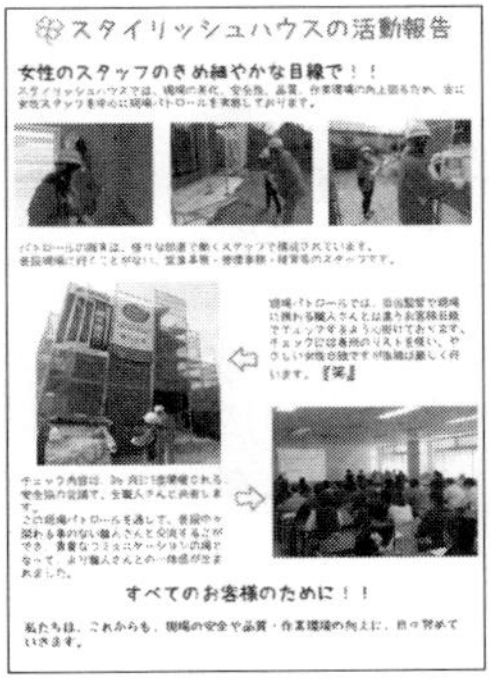
スタイリッシュハウスの活動報告
女性のスタッフのきめ細やかな目線で！！
すべてのお客様のために！！

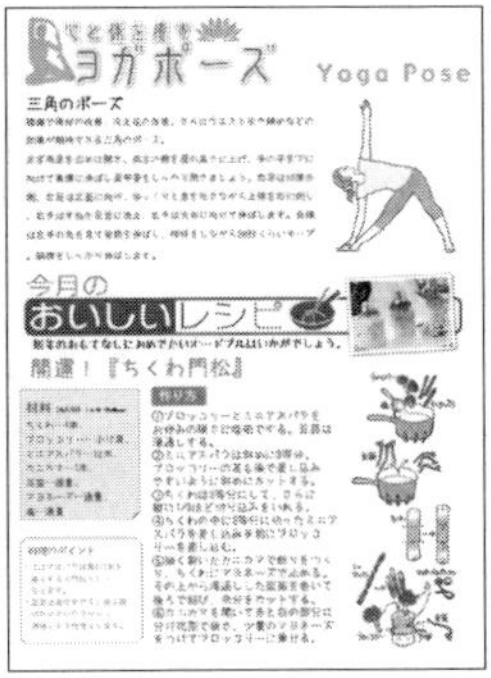
ヨガポーズ
Yoga Pose
三角のポーズ
今月の
おいしいレシピ
開運！『ちくわ門松』

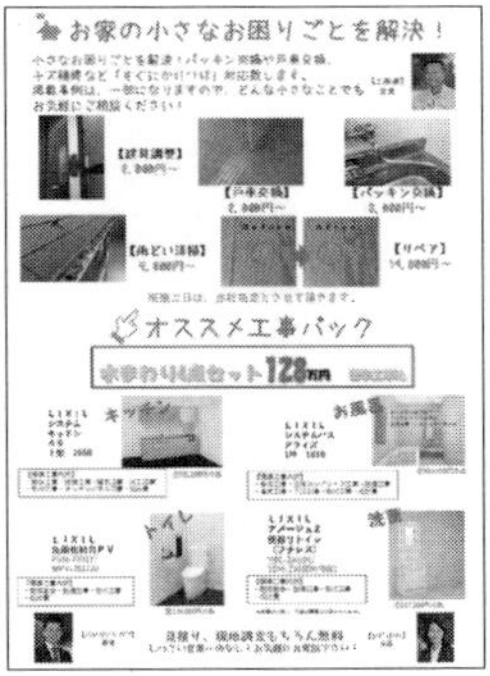
お家の小さなお困りごとを解決！
オススメ工事パック

アフターメンテナンスの重要性

アフターメンテナンスの対応が悪いと、せっかく完成した建物に大満足していたお客様の喜びを一気に下げてしまう可能性があります。

私の会社も、引き渡し物件が４００棟を超えたあたりから、メンテナンスに手がまわらなくなってしまった時期がありました。

お客様を待たせてしまったり、対応が疎かになってしまったり……その時は、こちらも歯がゆい思いでいっぱいでした。

住宅会社とお客様は〝一生涯のお付き合い〟だと私は思っています。

だからこそ、建てた時のお客様の喜びが、アフターメンテナンスの対応の悪さで、不信感に変わってしまう……そのようなことは絶対に避けなければなりません。

現在、弊社では、住宅を建てられたお客様に対し、無償のアフターサービスを実施しています。

お客様にはお引渡しのときに、アフター点検の実施方法などをご説明させていただきます。

アフター点検は、点検日の１カ月前に、お客様に往復ハガキを郵送し、点検可能な日を第三希望日まで記入して頂き、返送してもらいます。

点検当日は、点検内容や所要時間をお客様に伝え、アフター点検を開始します。

基本的に修繕は7年間、すべて無償で対応します(クロスのみ3年)。

有償補修については、リスト化し、お客様にお渡しします。

このようなアフターメンテナンスは、入居した後のお客様との関係を良好に維持していくために大切です。

● アフターメンテナンスの往復ハガキ

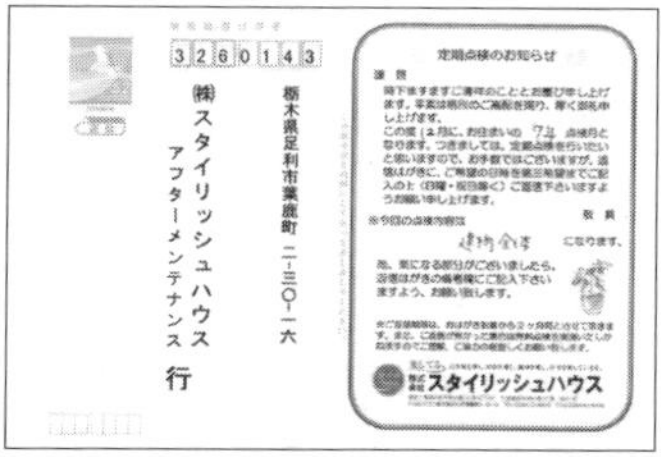

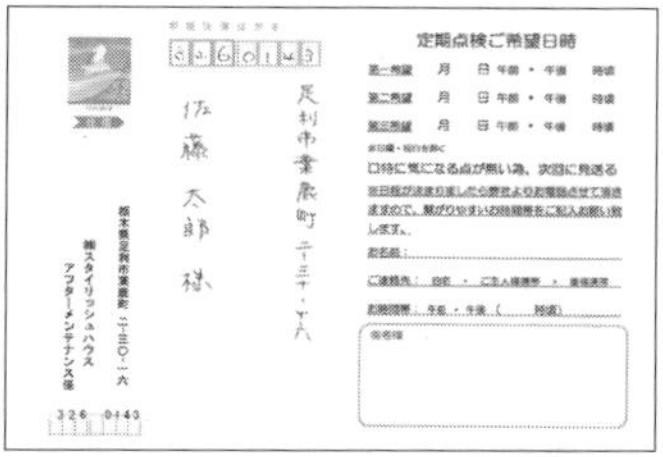

● アフターメンテナンス有償リスト

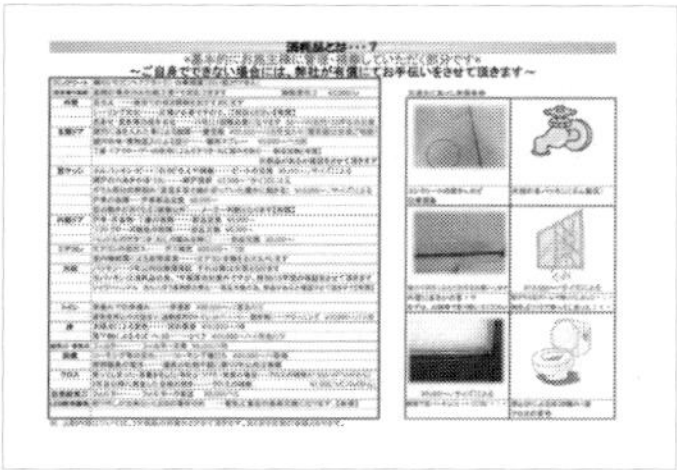

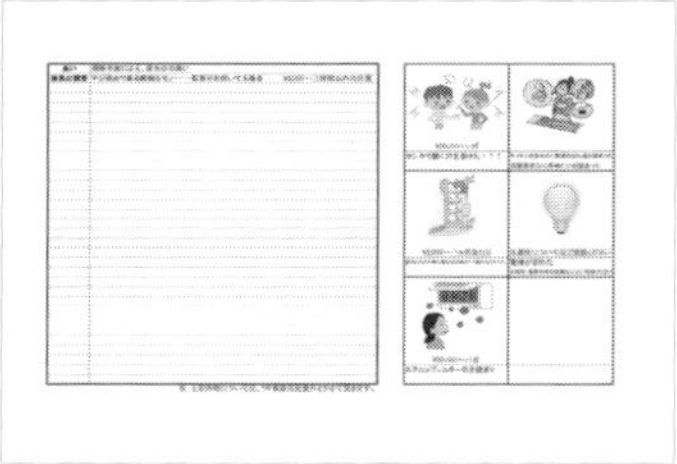

そもそもアフター点検をきめ細かく行なえるのは、地域密着型の地元の住宅会社の強みです。大手ハウスメーカーだと、なかなかそうはいきません。

家は建てている期間よりも、そこでお客様が暮らす時間の方がはるかに長いのです。お客様と住宅会社の関係性は、家を建てたら終わりではありません。むしろ入居されてからの方が長いのです。

地域に根差した住宅会社は家づくりだけではなく、当たり前のことですが、アフターメンテナンスに力を注ぎ、徹底的にこだわるべきです。

そして、その姿勢を貫くことで、お客様からの紹介受注が増えていくのです。

次の章では、50パーセントを超える弊社の紹介受注、口コミ設計図についてお伝えしようと思います。

第四章

紹介受注率50パーセントにするノウハウと仕組み

お客様の住み心地を一番に考える

私は平成8年に、水道工事やガス工事を手掛ける会社を立ち上げました。

その中のリフォーム事業部を分社し、平成16年に新築工事とリフォームを行なう株式会社スタイリッシュハウスを設立しました。

立ち上げた当初は、営業エリアを6万世帯と決め、年間30棟の新築を手掛けることを目標にしました。

しかし、最初の頃は思うようにいきませんでした……。

まず起こったことは、棟数に比例して、施工が荒れてしまったことです。そのため、お客様からお叱りを受けることもありました。

その時、私は真剣に考えました。

〝利益を確保する〟

これは会社を経営する以上、優先して考えなければならない大切なことです。

しかし、利益を優先するだけでは、10年、20年と繁栄し続けることはできません……。

単に住宅を建てて、利益をいただくことだけではなく、

「本当にこの会社で建てて良かった」

そう思って頂くためには、どうしたら最善なのかと……。


私が幼い頃、住んでいた家は築60年以上経過した借家でした。

冬になると冷たいすき間風が部屋じゅうに流れ、夏は常に蒸し風呂状態。そして大雨の日は、部屋のあちこちで雨漏りがするため、急いで家じゅうの鍋やバケツをかき集めて、部屋に置きました。

快適さとはほど遠い、そんな住環境でした……。

この幼少期の思いが、私の根底にあるのでしょう。

〝安心して家族が幸せに暮らす〟ことこそが、家づくりの最大の目的なのだと思うようになりました。

家を建てようとするお客様の目的や夢を、住宅会社はしっかりと受け止めていくことが重要なのだと思います。

お客様それぞれにとって無理のない予算で、ご満足頂ける家を建てること、それこそ

が私ども住宅会社の使命なのだと思っています。

家づくりを考えはじめてから、間取りを決め、仕様を考え、完成するまでの過程、また完成後のお客様の住み心地、それをフォローしていくアフターメンテナンス……そのすべてが家づくりなのです。

そのすべての過程を楽しい思い出にすることで、〝お客様の幸せ〟につながっていくのだと思います。

スタイリッシュハウスで家を建てて本当に良かった……。

そう思って頂けるよう、お客様との打合わせはこうしよう、上棟式はこんなサプライズにしよう、お家のバースデーは……といろいろ考えるようになりました。

そして、お客様アンケートにも、徹底的にこだわるようになっていったのです。

お客様アンケートで満足度を知る

弊社では、お客様にお家をお引渡しする時に、アンケートをお願いしております。

弊社の家づくり、電話対応、工務の対応、営業マンの対応など、さまざまな視点から、お客様にアンケートにご協力いただき、弊社・社長宛の封筒でご投函いただきます。

もしお客様から改善点を頂いたら、菓子折りを持ってお詫びに伺います。

またアンケートを頂けなかった場合は、ご満足頂けなかったのだと、判断します。

このように、私の会社ではお客様アンケートの結果に、徹底的にこだわります。

なぜなら住宅会社は、売上や棟数のみを追い求めるのではなく、お客様満足度でトップに立ちたいという強い想いが大切だと思うからです。

●お客様アンケート

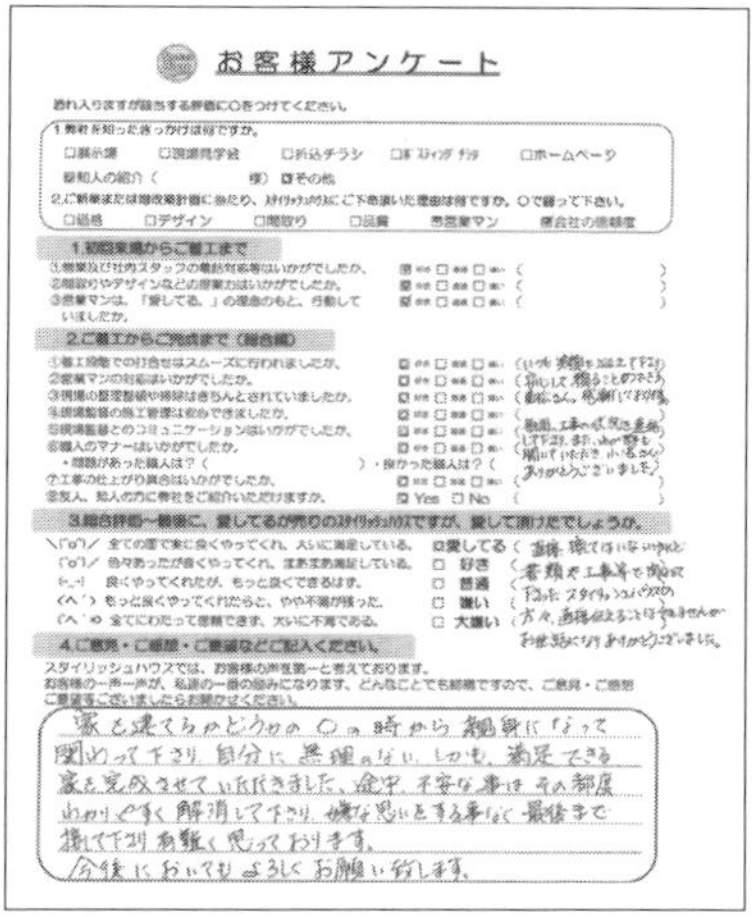

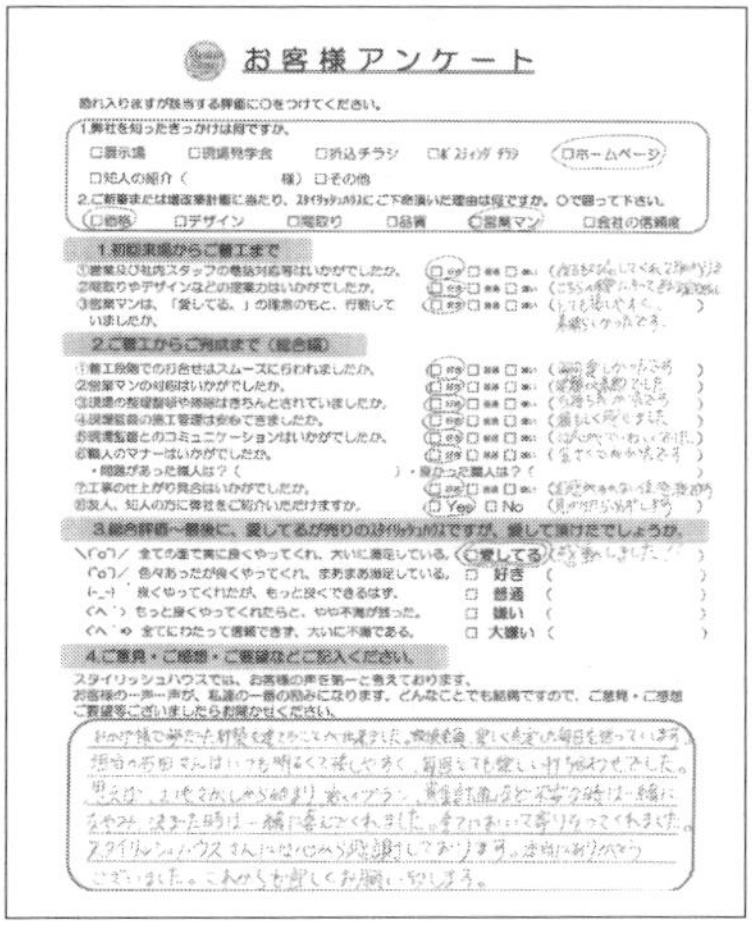

● お客様アンケート

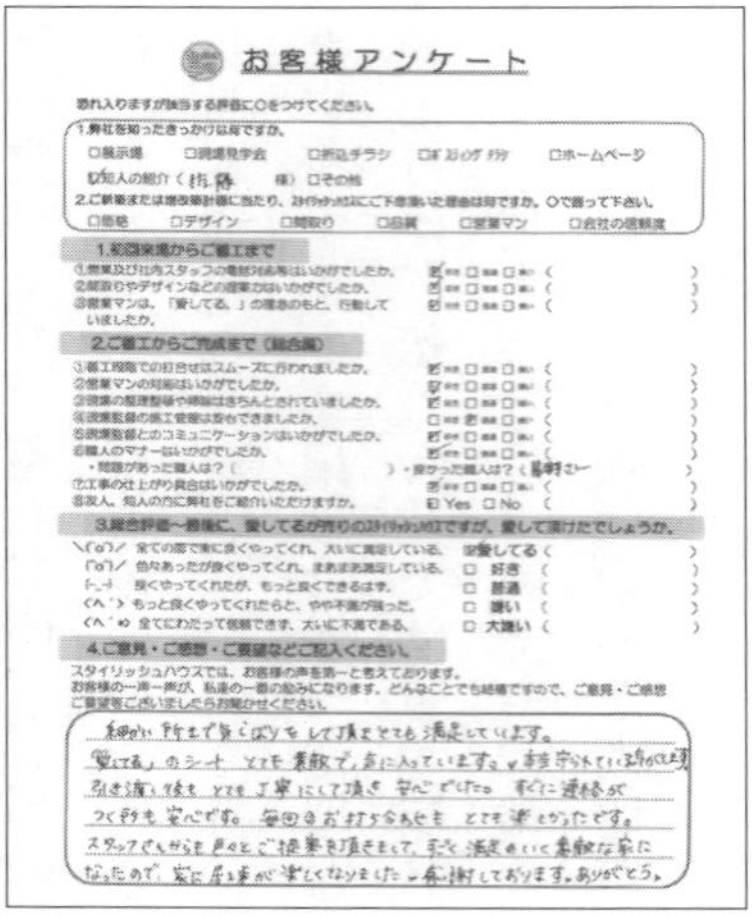

お客様アンケート
4.ご意見・ご感想・ご要望などご記入ください。
スタイリッシュハウスでは、お客様の声を第一と考えております。

お客様の一声一声が、私達の一番の励みになります。どんなことでも結構ですので、ご意見・ご感想ご要望等ございましたらお聞かせください。

細かい所まで気くばりをして頂きとても満足しています。

「愛してる」のシートとても素敵で、気に入っています。

引き渡し後もとても丁寧にして頂き安心でした。すぐに連絡がつく所も安心です。毎回のお打ち合わせもとても楽しかったです。

スタッフさんからも色々とご提案を頂きまして、すごく満足のいく素敵な家になったので、家に居る事が楽しくなりました。感謝しております。ありがとう。

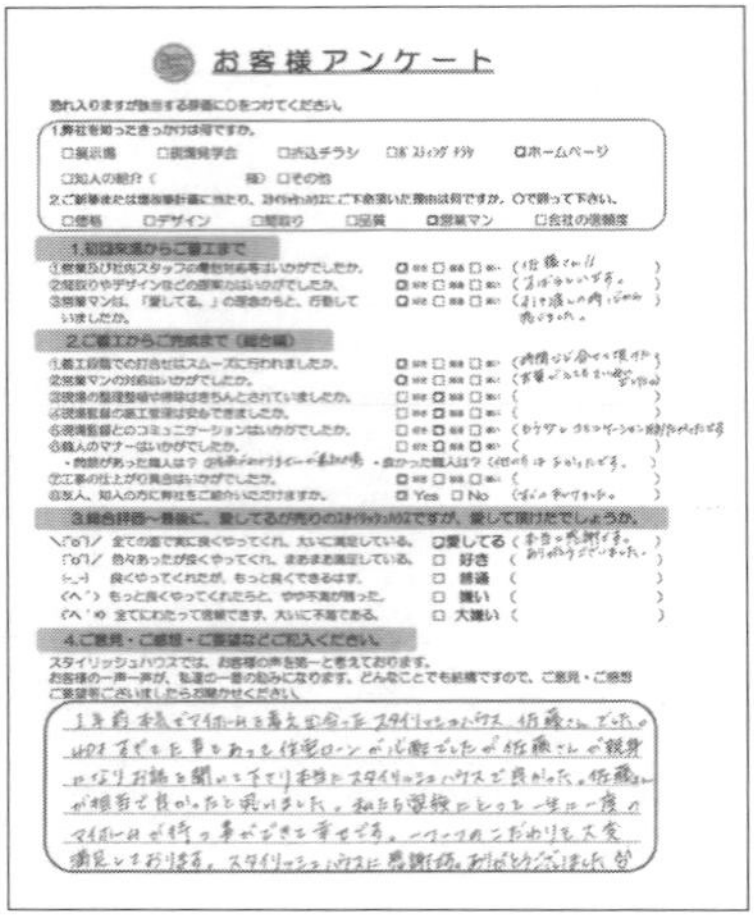

お客様アンケート
4.ご意見・ご感想・ご要望などご記入ください。
スタイリッシュハウスでは、お客様の声を第一と考えております。

お客様の一声一声が、私達の一番の励みになります。どんなことでも結構ですので、ご意見・ご感想ご要望等ございましたらお聞かせください。

1年前、本気でマイホームを考え出会ったスタイリッシュハウス、佐藤さんでした。

色々ありましたし住宅ローンが心配でしたが佐藤さんが親身になりお話を聞いて下さり本当にスタイリッシュハウスで良かった。佐藤さんが担当で良かったと思いました。私たち家族にとって一生に一度のマイホームが持つ事ができ幸せです。一つ一つのこだわりも大変満足しております。スタイリッシュハウスに感謝です。ありがとうございました。

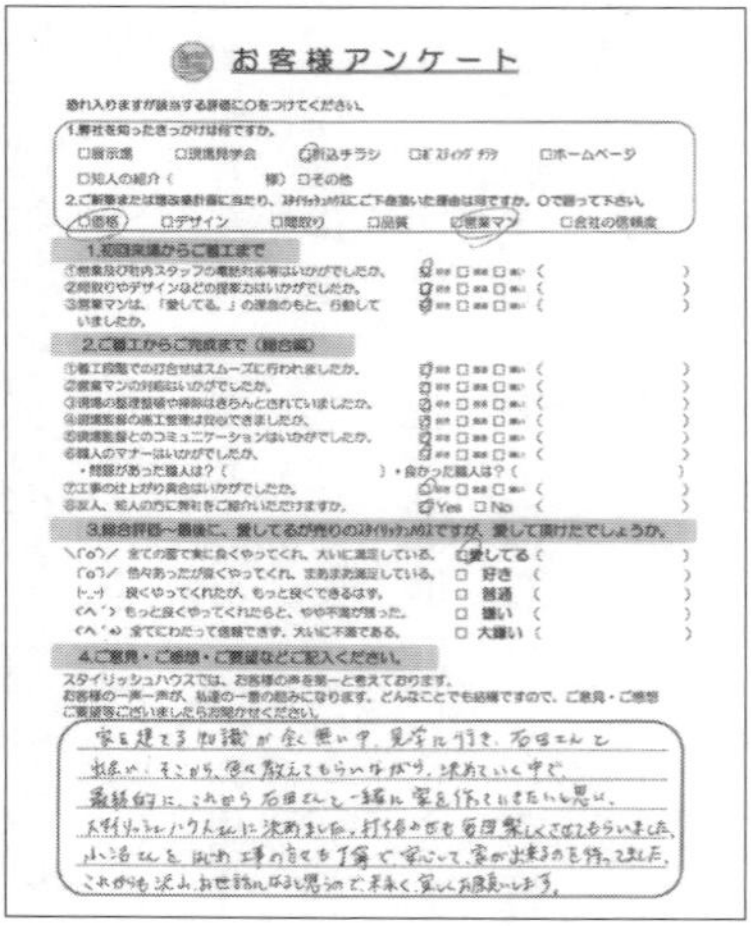

お客様アンケート
4.ご意見・ご感想・ご要望などご記入ください。
スタイリッシュハウスでは、お客様の声を第一と考えております。

お客様の一声一声が、私達の一番の励みになります。どんなことでも結構ですので、ご意見・ご感想ご要望等ございましたらお聞かせください。

家を建てる知識が全く無い中、見学に行き、石田さんと出会い、そこから色々教えてもらいながら、決めていく中で、最終的に、これから石田さんと一緒に家を作っていきたいと思い、スタイリッシュハウスさんに決めました。打ち合わせも楽しくさせてもらいました。小沼さんをはじめ工事の方々も丁寧で、安心して、家が出来るのを待ってました。

これからも沢山お世話になると思うので末永く宜しくお願いします。

弊社のお客様アンケートは、総合評価を5段階で評価頂き、最高ランクは、「愛してる。」です。

この最高ランクの評価をお客様から頂いた時には、スタッフさん全員に商品券3000円を配るようにしています。

お客様からの高い満足度を社内全員で分かち合い、共有したいという思いがあるからです。

お客様アンケートの内容にこだわりを持ち続ける――。

その社内風土を常に大切にしていきたいと思っています。

アンケートを通じて口コミ設計図を作る

また、お客様アンケートを通じて、口コミ設計図を作ることも大切です。

では、どうやって作っていけばいいのか？

ご説明しましょう。

住宅を建てられたお客様からアンケートが戻ってきたら、すぐに私が目を通します。そして、そのアンケートに書かれているコメントを朝礼などで、社員さん全員の前で読み上げるのです。

たとえば、〝現場監督のAさんには本当によくやってもらいました。あなたがいなければ私たちの家づくりは、こんなにいい形で成功することはなかったかもしれません〟。こんなことが書かれたアンケートをお客さまから頂いた時、そしてそれを皆の前で読み上げられた時、名前のあったスタッフさんの気持ちは最高に幸せです。

あるいは〝営業のBさんが最初から最後までよくやってくれたおかげで、家を建てられることができました、本当にありがとう〟とアンケートに書いてあったとします。やはり、それをそのまま読み上げると、営業のBさんは自分が褒められたことで、仕事のやる気スイッチがさらに入ります。

そして家に帰って、AさんやBさんが夕食の時、家族に「お客さんが俺が担当で家を建てたこと、すごく満足してくれていたよ」と、褒められたことを話します。すると奥さんも夫が勤める会社の評判を、ご近所や親戚に話します。

その喜びはそのスタッフさんだけではありません。社内の何人もが喜び、時に目頭を熱くし、自分達がやってきた仕事に誇りをもちます。

さらに〝大工のAさんがものすごく頑張ってくれ、対応も人柄も大変良かった〟とアンケートに書いてあれば、それを業者会などで大勢の前で読み上げ、「社長賞」を渡します。するとと大工のAさんも嬉しくなり、家に帰って奥さんやお子さんに、「今日、大工が良かったって褒められちゃってさぁ。あのお客さんにはちょっと苦労した部分が実はあったんだけどさぁ……でも本当に良かった」と喋ります。

すると奥さんやお子さんも、嬉しくなって周囲に喋ります。

こういった積み重ねが良い口コミの連鎖を生むのです。

そんな口コミがどのような過程で出来上がるのか、簡単にまとめます。

家を建てられたお客様にアンケートをお願いする。

←

返送されてきたお客様アンケートに社長が目を通す。

←

スタッフさんや協力会社さんを褒めている内容があれば、そこをピックアップする（悪

い評価は個別に話して、対応策を講じる）。

←アンケートを朝礼などで社員さんの前で読み上げ、スタッフ全員に心からの感謝を伝えて労い「寸志」を渡す。

同様に業者会などで読み上げ、協力会社さんに心からの感謝を伝えて労い「社長賞」を授与する。

←表彰された本人は仕事に誇りや自信を持つ。

家に帰って、お客様に褒められたアンケート内容を家族に話す。

←嬉しくなったご家族が、後日、友人や親戚、ご近所などに話す。

←話を聞いた方たちが、今度は他の方に話す。

←会社の良い評判が、地域にどんどん広がっていく……。

このように、会社の良い評判が自然と口コミで広がっていく……。

そして、次なるお客様の紹介受注へと、どんどんつながっていくイメージです。

もちろん皆の前で読み上げるアンケートが悪い内容で送られてこないように、お客様の満足度を高める努力が最も大切であることは当然のことです。そしてスタッフさんや協力会社様への労いも、心からの感謝を込めることが人をやる気にさせます。

その関わるすべてを大切にする姿勢こそが良い口コミを生む源泉です。

紹介受注を50パーセントにする

おかげさまで、ここ数年、弊社は紹介受注が50パーセントを超えるようになりました。

弊社でご契約した半数以上のお客様が、ＯＢのお客様や協力会社さん、社員さんのご家族などが紹介して下さって、ご来場され契約されたということです。

全国平均の紹介受注は20パーセントといわれています。

そういった意味では弊社の紹介受注率は、やはり高い方といえるでしょう。

今後はさらに志を高く持ち、紹介受注を70パーセント以上にしたいと思っています。

もちろん増えすぎてしまうと、そこにはまた何かしらの弊害が起こるかもしれませんが……。


では紹介受注を増やすために、何が重要なのか？

お客様の満足度を高めること、これがまず何よりも大切です。

実際、一番紹介率が高いのはＯＢであるお客様なのです。

あわせて、前項でも述べたとおり、口コミ設計図をイメージすることも忘れてはなりません。

住宅会社の評判が口コミで広がるのは、一般的には家を建てたＯＢのお客様と思われています。

しかし、実際は社内スタッフさんが一番の口コミ発信源だともいえるのです。

社員さんが会社に満足していないと、どのようなことが起こってしまうのでしょうか……。

おそらく、家に帰って、晩酌でもしながら、会社の悪口を奥さんやお子さん、ご両親に言うかもしれません。

その悪口を聞かされたご家族は、その後、どうなるでしょうか？

その住宅会社を他の人に勧めたり、紹介したりはしないのではないでしょうか。

次は協力会社さん。

現場に出入りしている業者さんが、「あそこはきっちりしているよ、品質がいいよ」と言ってくれたら、その口コミが友達や親戚へとつながっていきます。ある意味、営業マンの言うことより、はるかに説得力があるといえるでしょう。反対に現場監督の段取りが悪かったり、施工の粗さが目立てば、悪い口コミが広まります。

繰り返しになりますが、口コミで会社の評判を一番広めているのは、実は内情をよく知る社内スタッフさんや協力会社さんなのです。

お客様アンケートで良い評価を頂いたら、すぐに、それを皆の前で読み上げる。

そしてお客様からの良いアンケートをきちっと評価して「社長賞」や「寸志」を支給する。

まるでお金で繋がっているように思われてしまうかもしれませんが、トップが本気で感謝を伝え、労いの言葉とともにお金を支給するのであれば、分かりやすい愛情表見の一つだと思います。

自分の身近な人たち、社員さん、そのご家族、協力会社さんを大切にし、仕事の満足度を高めていけば、良い評判は自然とつくられていくのです。

ここで、口コミを広めている順位をもう一度、おさらいしましょう。

1位・社内スタッフさん
2位・社内スタッフのご家族や友人
3位・協力会社様とそのご家族や友人
4位・OBのお施主様
5位・不動産業者様
6位・会社や職場の近隣の方
7位・銀行様

ぜひとも、この順位を頭に入れ、その会社なりの口コミの広がりをイメージしてみて下さい。

そして最後にもう一度強調しお伝えしたいのは、アンケートを読み上げたり、報奨金を支給したりすることは、テクニック的にも大切なことですが、そこにはスタッフさんや協力会社さんへの〝本気の感謝〟の気持ちが込められていなければ、長く繁栄していくことはできないと思います。

良い循環が口コミ設計図をつくる

安くていい家を建てることは大切です。

しかし、商品だけで勝負していては、いずれ衰退していきます。

家づくりは家を建てることだけが目的ではなく、ご家族が皆、幸せに暮らすことが本当の目的である——それは先ほども述べました。

家を建てるご家族様が、打合せの段階からはじまって、工事中の期間中と、その過程の中で、ご家族が仲良くなり、一つひとつ思い出を積み上げていく……それを住宅会社は考えないといけないのです。

お客様の住み心地、会社の対応、間取りや仕様を決めていく打ち合わせの過程……そのすべてをひっくるめての家づくりなのです。

まず仕様打合せの段階から、ご満足頂ける時間をつくり、それをお客様と共有することが大切です。

またご家族の誰かお一人でもお悩みがあれば、丁寧に耳を傾け、家族の一員になったつもりで一緒に解決していく。

その姿勢を貫くことで、お客様からのアンケートで、建物、品質、スタッフの対応、すべての項目で高評価を頂けるのです。

繰り返しになりますが、アンケートで高評価を頂いたら、必ず社員さん、社内スタッフさんの前で読み上げ、社員さんのやる気スイッチを入れる。

協力会社の職人さんに対しても、高評価のアンケートで表彰して、本当に良い建物に携わっているという、誇りを持っていただく。

そしてそれが社内スタッフさんや職人さんの、それぞれのご家族にも伝わり、ご近所や周囲に良い評判が広がっていく。

このような良い循環をつくれれば、自然と良い評判が口コミになり、地域に広がっていくのです。

さてこの章の締めくくりとして、お客様からの紹介率をアップさせるための８つのチェック内容、私の会社が紹介受注のためにやっている16の事柄について、箇条書きでご紹介します。

参考にして頂ければ幸いです。

＜紹介率アップをさせるための８つの質問＞

・引渡し後に、お客様アンケートを行なっていますか？
・アンケートの回収率を把握していますか？
・お客さんを「お客様」と呼んでいますか？
・企業理念や使命を社内スタッフさんは、すぐに答えられますか？
・ニュースレターを発行していますか？
・紹介カードはありますか？
・社内スタッフさんは、自社の紹介受注率を把握していますか？
・業者会は実施していますか？

＜紹介受注のためにやっている16の事＞

・紹介カードの活用
・引越し用ハガキの作成
・お客様アンケートの実施と回収
・社員満足度を上げるための取り組み
・お客様がお帰りになる際の、見えなくなるまでのお辞儀（お見送り）の徹底
・会社やモデルハウスの近隣清掃
・上棟式セレモニーの演出（お手紙の披露や花束贈呈など）
・お施主様へのフライデーコールなどの現場の進捗報告
・工事中の現場にチラシを入れる広告ポストの設置
・協力会社さんを巻き込んだ社内検査
・構造段階でのお客様「中間確認」
・地域でのイベント開催（子育てフェス・リフォーム祭など）
・寄付金・協賛金（地元の児童養護施設、野球チーム、花火大会、赤十字社、市町村など）

・地域に喜ばれるボランティア活動
・ニュースレターの発行
・業者会の実施

● 広告ポスト（現場設置）

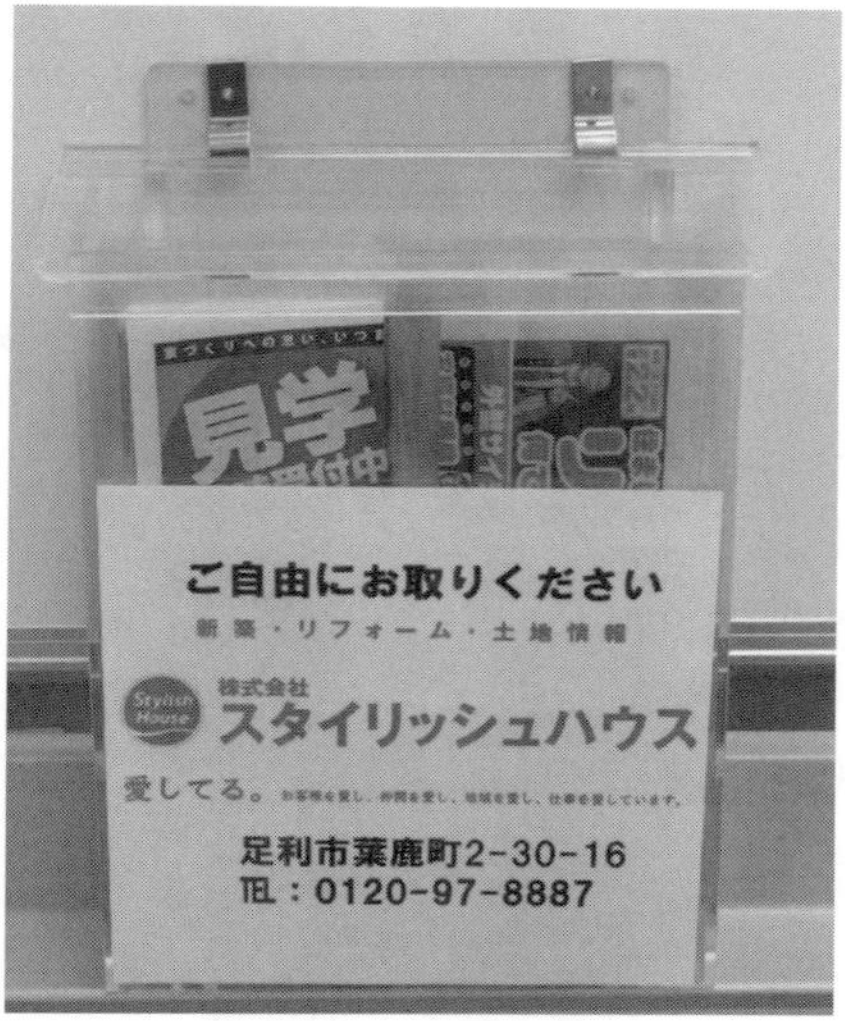

● 上棟式セレモニー

このような事柄を〝心を込めて〟日々行なうことで、弊社は紹介受注を強化してきました。

そして次のようなメリットを得ています。

・広告宣伝費の削減
・契約率のアップ
・社内スタッフのモチベーションアップ
・業者さんのモチベーションアップ
・地域での良い評判
・強い会社づくり

ぜひ参考にして下さい。

第五章

スタッフさんのロイヤリティを高める取り組み

社員さんのモチベーションと満足度を高めるために

職人さんの発注金額やメーカーの仕入れ価格を見直し、原価を下げていく。

家を建てられたお客様へのアンケートを実施し、その結果内容を通じて、口コミ設計図を作り、紹介率をアップさせていく。

超ローコスト住宅「夢家」を手がけるにあたり、私はこのような取り組みをしてきました。

同時に、社員一人ひとりが創意工夫をこらしながら、仕事に打ち込める社内環境、仕事へのモチベーションアップ、会社への満足度を高めるための仕組みや手当ても導入しています。

順を追ってご説明しましょう。

委員会制度を活用する

まずは委員会制度です。

委員会制度というのは、会社のあらゆる業務に対して、委員会を設けて、そこがメインになって運営するということです。

今まで経営者が細かく指示していたことを、委員会制度を導入したことで、社員さん一人ひとりがやりがいを持って自主的に動いてくれています。経営者の負担はかなり軽減できます。

例をいくつか挙げていきましょう。

たとえば「整理整頓をしなさい」。これを社長が言うと、たいていの社員は嫌がります。私もそのようなことを言うのが好きではないので、言う方も、言われる方も嫌な気持ちになります。

そこで「整理整頓委員会」をつくって、社員の中から委員長と副委員長を任命するのです。そして社員のAさんが、整理整頓委員会の委員長だとします。社内の整理整頓に関しては、Aさんは役員と同等の権限を持っているので、「ここのスペースの整理整頓をするから、何日の何時に集まって下さい」と、みんなに伝え、Aさん主導で行ないます。

あるいは「社会奉仕委員会」なら、どこに寄付するのか、赤十字なのか、児童養護施設なのか、主導権を持って決めてもらいます。

「経費削減委員会」なら、「コピーをなぜカラーでとるの？　白黒でいいんじゃないか」などと社内の無駄なところを見つけて指摘してくれる。月に一度はコピー代金や電気代、ガソリン代などを集計し、皆の前で発表して、改善点などを指摘してくれます。おかげで、経営者は細かく口を挟まなくてすみます。

断捨離委員会、経費削減委員会、イベント委員会……うちの会社にはさまざまな委員会があります。

そして一人ひとつは必ず何かしらの委員長、または副委員長になってもらい、二カ月に一度、活動報告をしてもらいます。

現場パトロールは事務系の社員さんに

「現場パトロール委員会」は事務系のスタッフさんに委員長になってもらっています。

一カ月に一回、各現場を抜き打ちでまわって、チェックしてもらいます。

釘一本でも現場で見つけたら、「落ちていました」と報告してくれます。現場を知っている我々ですと、これくらいしょうがないな……とつい甘くなりがちです。

しかし現場を知らないスタッフさんだからこそ、「釘が何本落ちていた」「木の破片が落ちていた」「煙草の吸殻が落ちていた」「仮設トイレが汚かった」と、その現場を撮影した写真とともに、お客様目線できっちり報告してくれます。

そして、三カ月に一度の業者会で、業者さん全員の前で、「〇〇邸に何月何日に行った時の写真です。落ちていた煙草の吸殻です。煙草の銘柄は〇〇です」

と報告してくれます。

そのような報告が行なわれると、業者さんも気が引き締まります。注意力がぐっと高まり、現場がきれいになりました。

スタッフさんが経営幹部からの指示で、業務をこなすのではなく、一人ひとりが主体的に課題解決に取り組んでいく……。仕事のなかで創意工夫をしていく力が自然と身に付いていくのです。

実際、うちの会社の社員、特に女性社員さんは、大活躍してくれています。

委員会制度なので、役職とは違います。

しかし、管理職になるための統率力や判断力を学ぶ、良い練習にもなっています。

● 委員会一覧表

◇2019　委員会◇

委員会名	委員長	副委員長	取り組み内容
夢家（1118プラン）委員会	堀越	永田	モデルハウスの仕様・間取り決め
標準仕様委員会	石田	大田	新しい商品の仕様書作成・ちょっとプレミアムの見直し
ダンシャリ・在庫管理委員会	小沼	落合	ダンシャリ推進・備品の管理
経費削減委員会	宮澤	岡田	通信費・ガソリン代・コポー用紙代等をグラフで見える化し削減推進
社内イベント委員会	落合	石田	社内イベント時の準備（周年パーティー・忘年会等）
記念日委員会	半澤	森山	スタッフの誕生日プレゼントの準備
きれいな職場委員会	山本	半澤	事務所の清掃活動推進
社会奉仕委員会	岡田	堀越	募金活動を行い、市や赤十字・児童養護施設へ寄付
紹介活動委員会（OB・協力会社紹介実績・既存客ランク表）	大田	新塚	紹介キャンペーン・POPの作成と掲示/紹介に関する情報を数値化
月例委員会	垂松	山本	毎月の月例勉強会の内容決め・資料の準備
現場パトロール委員会	室岡	佐藤	現場の整理・整頓・清掃・安全状況の確認
社内検査と業者会委員会	佐藤	小沼	社内検査の取り纏め（参加者・点数表）/業者会の準備
展示場維持管理委員会	久保田	目黒	定期的に「展示場」を周り、旗等の倒れ・建具等不具合・コーキングの確認
ディスプレイコーディネート委員会	永田	室岡	事務所を季節ごとに飾りつけ
車両管理委員会	久保	宮澤	社用車の管理
エンジェルリポート＆デビルリポート	森山	垂松	誰々の行動が良かった・気になるところを集計し発表
メンテナンス委員会	目黒	久保田	自発的に展示物含め補修箇所等がないかの確認
冠婚葬祭委員会	新塚	久保	冠婚葬祭があった際に会社の流れに沿って実施

スタッフさんのロイヤリティを上げる親孝行手当

私の会社では、社内スタッフさんはもちろん協力業者さんにも、頻繁に「社長賞」や「寸志」を渡しています。

毎月実施するため、紹介率アップに全社的に取り組んでいく、そのような社内風土を作り上げ、浸透させていくことにもつながります。

そして一年の終わりに「決算賞与」も、利益に応じて支給しています。

先述したように、社内スタッフさんやそのご家族の方たちの口コミから、紹介受注へとつながるケースが多くあるため、その利益の一部を還元するということです。

また決算賞与のとき、「親孝行手当」も渡しています。

これはご家族への感謝を形にしたものでもあり、「うちの会社がこれだけ利益をだし、繁栄できたのは皆さんを産み育ててくれたご両親のおかげです、皆さんが社長のかわりにご両親に感謝を伝えて下さい」と述べ、親孝行手当と記したのし袋（一万円）をスタッフさん全員に手渡します。

「親孝行手当」を渡すことで、親御さんにもたいへん喜ばれています。

実はこの親孝行手当、親孝行を奨励すると社内スタッフの定着率が上がると、ある本に書かれていました。それがヒントになり導入しました。またそうすることで、社員さんのご両親がうちの会社のファンになってくれるということもあります。

実際「親孝行手当」を、初めてもらったある社員のお母さんは、涙を流して喜び、仏壇に手を合わせたそうです。

あわせて「家族への感謝手当」も支給します。

「ご主人がこうして頑張って働いてくれるのは、奥様やお子さんたちの支えがあるからです」あるいは「ご主人の理解や支援があるから、奥様が頑張って活躍してくれています。本当にありがとうございます」と伝えて下さい、と言って、社員さん一人当たりに5万円程度の旅行券、お食事券などを渡しています。

このように、社員さんのご家族に感謝の気持ちを表すことで、ご家庭内での会社の評判もぐっと上がると思います。

「親孝行手当」も「家族への感謝手当」も、スタッフさんが、ご両親やご家族に日ごろの感謝を伝える良いキッカケにもなっています。

そして何より、スタッフさんの大切なご家族へ、会社が本当に感謝していることを伝える機会と考え、最も大切な心を込めた手当てだと感じています。

またイベント委員会が中心となり、「バースデー祝い」も行なっています。誕生日を迎えるすべての社内スタッフさんに対し、本人の誕生日に、４０００円程度のプレゼントを渡します。ただひょいと渡すのではなく、なるべく多くの社員さんがいる時に行ない、最後に記念撮影をします。そんな演出も大切にしています。

社内スタッフさん一人ひとりを大切に思う気持ちをこのような〝かたち〟として表わすことで、社内全体のチーム力が強化されていきます。

社員一人ひとりの、会社に対する愛着度（愛）もおのずと高まっていくのではないでしょうか？

そして、それが私の会社の経営理念「愛してる。」にもつながっていくのです。

最後に会社の経営理念について述べさせて頂きます。

なかなか決まらなかった経営理念

起業して3年ほどたった頃、私は経営理念をつくりたいと思い立ちました。

しかし実際、経営理念がつくられたのは、それからさらに4年後のことでした……。

どうしてそんなに時間がかかってしまったのか？

日々の業務に追われて、忘れていたわけではありません。むしろ経営理念をつくるために、関連する本を何冊も読みあさり、さまざまなセミナーにも参加しました。

しかしいくら本に目を通しても、セミナーに参加しても、「地域貢献しましょう」「明るい未来をつくりましょう」そんな通りいっぺんの理念しか頭に浮かばず、自分の中でしっくりするものがありませんでした。

一つの質問から誕生した経営理念

そんなある日、うちの広告を制作する会社の社長に、「御社の経営理念はなんですか？」

と、突然聞かれました――。

意表を突かれた質問に、一瞬はっとしました。

しかし、次の瞬間、どういう訳か、「愛してる。」という言葉が口から突いて出ました。

さらに、「お客様を愛し、仲間を愛し、地域を愛し、仕事を愛しています」と、そのまま自然と言葉が続きました。

おそらく、今まで本を読んだり、セミナーに参加したり、たくさんインプットしてきたこと、蓄積されたものが、一つの質問によって、アウトプットされたのだと思います。

私の会社の経営理念は、そのように産み落とされたのです。

「愛してる。」が経営理念

スタイリッシュハウスの経営理念「愛してる。」は、「社員さん・家族への愛」「お客様への愛」「お取引先への愛」「地域社会への愛」。

この４つの愛を実践していくことです。

まず「社員さん・家族への愛」を実践するには、社員さんとそのご家族の満足度をベースに、働きやすい仕組み、主体性を持って働ける制度、手当などを、充実させ、構築していくことです。

二つ目「お客様への愛」は、お客様に「感動と安心」を、当社の家づくりを通して最高レベルで提供してくことです。

そして、お引渡しをした後からの末長いお付き合いの中でも感謝を表明するための仕組みを構築しています。

さらに「お取引先への愛」、これは高いレベルの仕事を継続していくには、協力会社様に継続的に安定した仕事の発注をしていくことに他なりません。少しでも現場がスムーズになるよう日々鍛錬していきます。

そして最後に「地域社会への愛」、地域との関わりが深い業界だからこそ、地域社会への貢献を忘れてはならないということです。

弊社では、地域イベントなどを開催したり、地元足利市の少年野球チーム、児童養護施設、日本赤十字社など、さまざまな団体に、寄付金や協賛をさせて頂いております。

かつてある雑誌で、作家の落合信彦さんがイギリスの元首相マーガレット・サッチャーさんに「あなたにとっての愛とはなんですか?」と、質問していました……。

するとサッチャーさんが、「思いやりの心、奉仕の心、決して見返りを求めず与え続けること、それが私にとっての愛です」と答えていました。

この言葉の衝撃は、今でも忘れることができません。

〝決して見返りを求めない愛〟これこそ、スタイリッシュハウスの経営理念である「愛してる。」の心だと思っています。

● ハワイ州知事からの感謝状

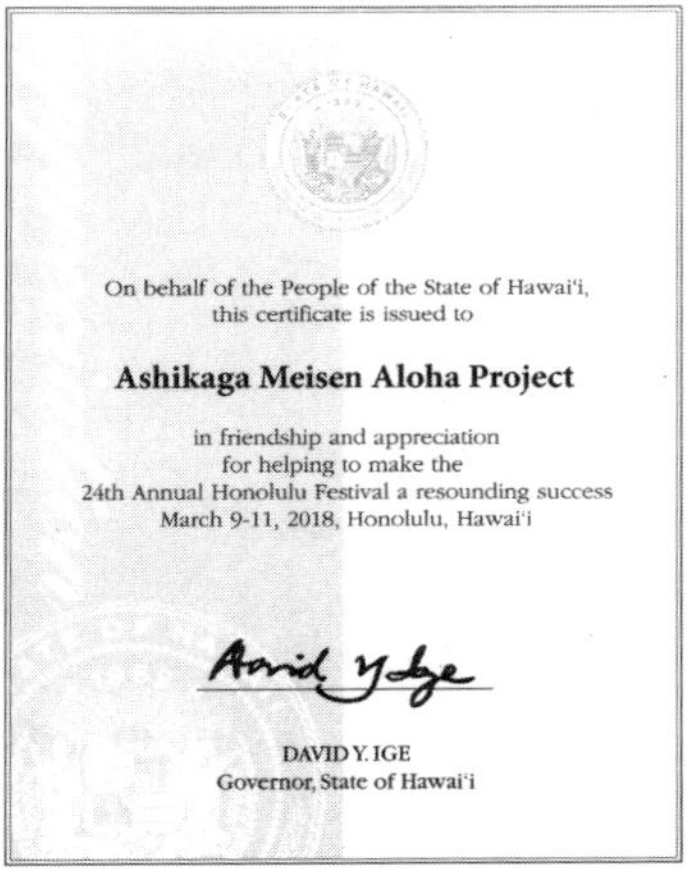
On behalf of the People of the State of Hawai'i,
this certificate is issued to

Ashikaga Meisen Aloha Project

in friendship and appreciation
for helping to make the
24th Annual Honolulu Festival a resounding success
March 9-11, 2018, Honolulu, Hawai'i

DAVID Y. IGE
Governor, State of Hawai'i

● 足利市と日本赤十字社の表彰状

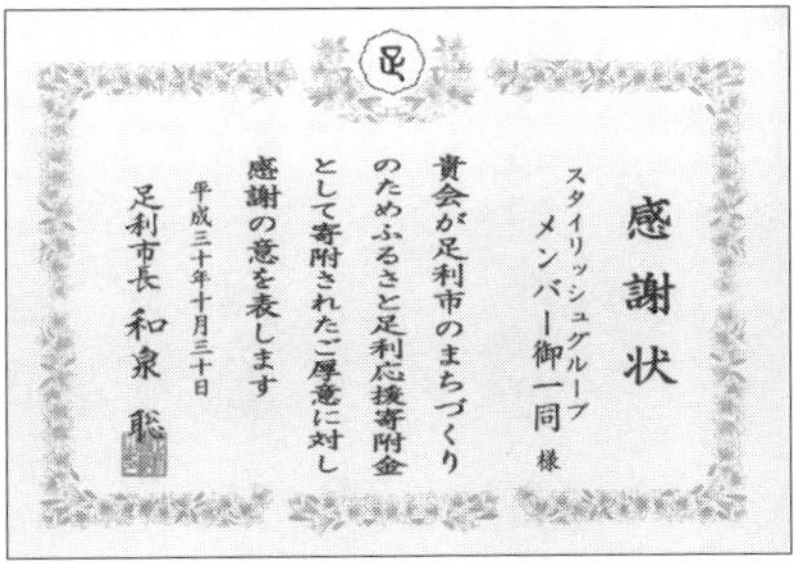
感謝状

スタイリッシュグループ
メンバー御一同 様

貴会が足利市のまちづくりのためふるさと足利応援寄附金として寄附されたご厚意に対し感謝の意を表します

平成三十年十月三十日
足利市長 和泉 聡

株式会社スタイリッシュハウス 様

日本赤十字社に対し多額の社資を寄せられ赤十字事業の進展に多大の貢献をされました
その御功労に対し感謝の意を表しここに銀色有功章を贈ります

平成二十九年十一月十四日
日本赤十字社

今の時代だからこそ大切にしたい〝社徳〟

ＳＢＩホールディングスの北尾吉孝さんは、人間には人徳が必要であるように「会社には〝社徳〟が必要だ」とある雑誌のインタビューで言っておられました。

株式会社の最大の目的は利益を追求することです。

しかし同時に、ボランティア活動や寄付、奉仕の精神など、利益とは相反するようなことも同じように追求していく。

それが〝社徳〟を高めることになります。

そして、この二つのバランスをうまくとりながらやっていかなければ、「会社は長く繁栄していかない」とも北尾さんは言っておられました。

会社は利益の追求と社徳を並行して積んでいく！

この両輪のバランスが大切なのだと考えるようになりました。

社員さんに自分の会社の経営理念を聞く

手前みそで恐縮ですが、私の会社の社員さんに「うちの会社の経営理念はなんですか？」と聞いて、答えられない者は一人もいません。

自分の会社の経営理念を、社員さんがちゃんと答えられる……そのような会社は、果たしてどれくらいあるのでしょうか？

あなたの会社の社員さんは皆、経営理念をすっと答えられますか？

そして経営理念にこめられたものが、何であるか理解していますか？

私の会社も、まだまだ発展途上にあり、日々勉強ですが、経営理念を浸透させる努力を続けています。

経営理念は絵に描いた餅であってはならない！

そう心に刻み、毎月一度、一冊の本をテーマに「読書会」を開催し、人間力のアップとスタッフさんのベクトルを合わせる努力をしています。

経営理念は経営者の人生や会社の成り立ちが反映されている

経営理念をどうしようか……迷っておられる経営者の方に申し上げたいことは一つです。

多くの経営者は、自分なりの思い入れがあって、会社経営をされています。

その会社の経営理念は、その方の人生の歩みの中にキーワードが、潜んでいます。

先ほども申し上げましたが、私の会社の経営理念は「愛してる。」です。

おそらく全国の会社で、このような経営理念を掲げているのは、当社だけだと思っています。


経営理念をつくって、数日後、私はあることに気がつきました……。

私の姉は私が二十歳のときに若くして旅立ちました。

とても優しく、面倒見の良い姉で、私は幼い頃から、姉をたいへん慕っていました。

姉の余命を知った時の私は、その事実をすぐに受け入れることができず、朝から晩まで悲しみに打ちひしがれていました。

姉の名前は「あい子」でした。

御社の経営理念は何ですか？　と聞かれ、その場で口から突いて出てきた経営理念でしたが、実は姉の名前ともつながりがあったのです。

最愛の姉「あい子」の〝愛〟が、うちの会社の企業理念へと昇華していったのだと思っています。

そして、それに気がついた時、私の会社の経営理念はこれでいいのだと強く確信したのです。

迷ったら、王道が何かを考える

弊社には「スタイリッシュグループ憲章」というものがあります。

これはリッツ・カールトンホテルの「クレド」をイメージして、私がまとめました。

まず一つ目は「安全・安心」です。これはなんといっても住宅会社の要でもあると思います。

そして14あるうちの最後は「悩んだら〝王道〟が何かを考え、決断します」としました。

● スタイリッシュグループ憲章

企 業 理 念

Corporate philosophy

愛してる。

お客様を愛し、仲間を愛し、地域を愛し、
仕事を愛しています。

使 命

Mission

仕事を通じて家族の幸せを追求すること。

スタイリッシュ グループ憲章

一、　『安全』『安心』を第一に仕事します。

一、　仕事は『ありがとう』を集める競争であると心得ます。

一、　“仕事は先手必勝！”積極的な姿勢で取組みます。

一、　“幸せに貢献させて頂くこと”を『使命』とします。

一、　『感謝』の数だけ、会社が発展すると心得ます。

一、　理想と現実の“バランス”を大切に『愛される会社』にします。

一、　『ありがとう』と『笑顔』があふれる職場にします。

一、　“謙虚”な気持ちで『一生勉強』と心得ます。

一、　自分の仕事に『責任』と『誇り』を持ちます。

一、　ミス、トラブルの解決は“スピード”と『誠実さ』が命と心得ます。

一、　『地域社会への貢献』を継続的に行います。

一、　苦境の時こそ、“一歩前に出る勇気”を持ちます。

一、　迷ったら“粋”でカッコいい行動を選択します。

一、　悩んだら、“王道”が何かを考え決断します。

これが私達の“志”です！

利益を優先するあまり、おかしな方向にいってしまう……そのような企業が後を絶たないのが、残念ながら現状です。

〝王道〟を行く。

すなわちそれは、誠実さをもって、それが社会正義にかなっているものかを、判断していくことだと思っています。

現在、私どもの会社はかなり受注率も高く、着工も多く決まっています。おかげさまでお客様からのアンケートの評価も良く、社内スタッフさんや協力会社さんからの紹介もコンスタントにもらっています。

だからといって思いあがるつもりはまったくありません。

これは住宅会社を経営している皆さんならお分かりになると思いますが、数年先のことはまったく分からないからです。

ただいえることは、「夢家」を立ち上げ、超ローコスト住宅を手がけたことで、以前の状況とは全く違ってきているということです。

多くのお客様にとって、家づくりとは一生に一度のビックイベントです。

だからこそ住宅会社は、モノを売るだけではない、仕組み＋商品、そして心（魂）が入らないといけません。そのことを忘れてはならないと思っています。

そして何か、迷うことがあったら、立ち止まってもう一度〝王道〟について考える。お客様にご満足頂ける家づくりを行なっていく……。

それが私どもの会社の原点であり〝王道〟だと思っています。

深いテーマだけに、私達もまだまだ修行中です。

小さくても地元でナンバーワン企業を目指す

宣伝力や商品力で、チェーン展開を行なう大手ローコストメーカーが数多くあります。

しかし、契約後の対応や完成後のアフターメンテナンスの対応が十分でなく、撤退してしまうケースも多々あります。

そもそも住宅会社は、その地域、地元に育てて頂きながら成長していく産業なのです。

地域で業績を維持していくためには、地域のお客様から支持していただくことが何より大切です。

来店されたお客様だけではなく、車で会社の前を通りすぎるお客様も、皆さん、見ておられるのです。

だから、常に３６０度目線での意識が必要なのだと思います。

高品質な住宅を建て、アフターメンテナンスやさまざまなサービスにも力を入れる。

そして人間味あふれるスタッフさんが、地域貢献を志向しながら日々の業務を丁寧に行なう。

このような住宅会社こそ、地域に愛されながら、利益を上げていく……。まさに地元のナンバーワン企業と言えるのではないでしょうか。

私の会社も、まだまだ学ぶことがたくさんあります。

この本でお伝えしたことをさらに創意工夫して、お客様はもちろん、スタッフさんや協力会社さん、そのご家族様にも、愛される会社にしていきたいと思います。

なお、この本の執筆にあたっては、コーシン出版の吉田社長、編集の吉川秀一さん、出版コンシェルジュの藤田大輔さん、編集協力をして下さった株式会社オフィスエムの西山由美さん、宮本真由美さん、的確なアドバイスをして下さった株式会社船井総合研究所の伊藤嘉彦さん、全国100社を超える住宅ビジネス研究会の皆さま、協力会社の皆さま、資料等の収集に協力してくれた弊社の宮澤専務や大田有希さんをはじめとする、スタッフの皆様には大変お世話になりました。

この場を借りて御礼を申し上げます。

佐藤秀雄

〈わたしたちが推薦します！〉

●売り上げが三倍もアップ（年間完工174棟）

中央建設株式会社（島根県）　社長　足立智成氏

「夢家プロジェクト」に加盟したのは、今から約8年前です。スタイリッシュハウスが取り組む高品質なローコスト住宅に、当社の未来があるのではと思ったからです。

創業30年を超え、1000棟以上の家の引き渡しを行い、新築住宅を山陰トップクラスで販売してきました。が、今までにない情報やノウハウを得ることができました。

例えば協力会社さんと徹底的に交渉して、しっかりと利益の出るような仕組みを作ってから販売していくステップ、当時の私には新しく思えました。それは当たり前と言えば当たり前のことかもしれません。しかし、まず原価を抑えるための見直しをきちんと行い、高品質な新商品を作る――そこまできめ細かくやっている住宅会社を、その頃の私は知りませんでした。

また、集客の方法や来られたお客様に対しての接客方法についても多くのことを学びました。ローコスト住宅ですので、やはりお客様はご予算を気にされます。まず、そのようなお客様に興味を持って頂けるようなチラシの内容、そしていざ、ご来店頂いた時の接客や営業トーク、その一連の流れは本当に目からウロコでした。

売り上げは、一番悪かった時と比べると三倍もアップしました。そして今では、山陰で一番家を建てる住宅会社になりました。

どんなお客様も無理なくマイホームを手に入れられる――今後は世の中の全ての方たちが、マイホームを持てるような社会を作っていきたい……そんな思いを抱きつつ、日々、多くのお客様と向き合っています。

●地域社会への貢献度が強く、やりがいのある仕事（年間完工61棟）

ミライエ株式会社（茨城県牛久市）　代表取締役　古渡将也氏

もともと実家は茨城県で葬祭業をやっており、その手伝いをしていました。しかし、生れてから亡くなるまでではありませんが、葬儀だけではなく、地域に密着した事業を展開したいという思いが私の中に強くあり、「夢家プロジェクト」に加盟しました。

その頃は住宅会社に関する業務知識がほとんどなく、当初は契約書の作成、お客様へのご案内方法など、まったく何も知りませんでした。加盟したことで、私のような未経験者でも、さまざまな情報を得ることができ、2014年7月、ミライエ株式会社を創業し、スタートさせました。

とにかく、ノウハウ通りに行いました。その結果、一年目で30棟もの受注がありました。

今振り返ると、一番の弱みだったド素人集団というのが、逆に強みになったのではと思います。素人集団だから、裏など一切読まずに、お客様のためになることを懸命にやりました。業界のことをよく知らなかったので、柔軟で、素直に対応できたのだと思っています。

とはいえ何のノウハウもないまま、ローコスト住宅を手がけたら、原価が思うように下がらないのではと思います。加盟することで、規模のメリットが働き、メーカーさんや協力会社さんの仕入れ価格などを下げることができました。

前職は実家の葬祭業を手伝っていましたが、大学卒業後は総合不動産会社に入社しました。訪問営業や電話営業がさかんに行われ、売り上げをあげるための毎日でした。結局、自分自身ついていくことができず、2年弱で退職しました。一方「夢家プロジェクト」のやり方は、社会への貢献度がとても強いです。ローコスト住宅の安かろう、悪かろうではなくて、原価をしっかり抑えた中で、良質な家を建て、一人でも多くのご家族にマイホームの夢を叶えるためのサポートをさせて頂く……そこに的が絞られています。

〝夢あふれる未来への貢献〟

そんなミッションを思い描き、ミライエという社名をつけました。現在5年目ですが、50棟の受注があり、コンスタントに事業を展開しています。

また、M＆メディカルリハという別会社も立ち上げました。こちらは脳梗塞やパーキンソン病を患う方たちの自主リハビリ、社会復帰に向けたリハビリを専門家がお手伝いするという施設の事業展開です。

今後も地域貢献、社会貢献を念頭に、日々仕事に邁進していこうと思います。

●結びにかえて　「愛してる。」という理念経営

株式会社船井総合研究所　住宅・不動産支援本部　副本部長　伊藤嘉彦氏

「『愛してる。』を企業理念にしようと思うんですよね」

スタイリッシュハウスさんの経営が軌道に乗り始めたころ、いきなり佐藤社長から言われた一言でした。建物の品質やサービスについての思いを理念にする会社はたくさんありますが、「愛してる。」というのはさすがにやりすぎではないだろうか？とは思ったものの、佐藤社長が私に相談を下さるときには、99％結論の状態というのがいつものこと。「良いと思います……」の返答が精いっぱいでした。

２００４年の立ち上げから約４年、いろいろなトラブルはあったものの、順調に売り上げは伸びていました。そんなある日、「新しい拠店を出そうかと思います」と佐藤社長から相談をいただいたのですが、なぜか、いつもの99％結論の勢いではありませんでした。

そこで私は、地元の「足利で、別のブランドを立ち上げてはどうですか?」と提案しました。一つのビジネスが成功すれば、拠点展開を続けて規模を拡大するのが当時の住宅会社の経営手法でしたので、本来なら拠点展開に賛成するところでしたが、佐藤社長の堅実な性格と地元への強い思いを知る私は敢えて逆を提案したのです。

まだまだ家が欲しくても買えない人がいるはず。もっと低価格な家があれば、きっと地元の人によろこんでもらえるのではないか。当時のスタイリッシュハウスさんの家が約２０００万円なので、一気にその半額を目指しましょう。だけど、絶対に品質は落とさないようにしましょうね……。そんな話で一気に盛り上がり誕生したのが、「１棟１０００万円の超ローコスト住宅『夢家プロジェクト』」。この新ブランドの話はとんとん拍子に進みました。

そこからは原価交渉の日々です。単純なコストダウンは品質を落とすだけだから、絶対にダメ、もっと合理的な方法があるはず、と試行錯誤の繰り返しでした。ここでは、佐藤社長が住宅会社の下請けとして設備会社を経営してこられた経験が大きく生きていたと感じます。中途半端に値引き交渉しない。本当にお願いしたい価格を具体的に提示すること。作業にロスが発生しないようにして、職人さんの作業の無駄を省く協力をすると同時に、良いものを造りたいという思いとプライドを損なわせるような交渉はしないこと。これらは、住宅会社としては後発でしたが、建設現場を見続けてこられた佐藤社長ならではのコストダウン手法だと感じました。業界の常識とは違ったこの手法は、私たちも学ばせていただき、全国の工務店さんの原価を下げるお手伝いをしています。

こうして立ち上がった「夢家プロジェクト」は大成功でした。オープンしたモデルハウスには多くのお客様で行列ができました。「安かろう、悪かろうを想像していたけど、これならいいね」とお褒めの言葉をたくさん頂いたよと、佐藤社長からご連絡をいただいたことがとても印象に残っています。

スタイリッシュハウスさんが、過去にお家をお引渡ししたお客様からのご紹介が出始めたのはこのころでした。私は、ご紹介というのは、単に親切に対応したからいただけるというようなものではないと思っています。住宅会社のスタッフに任せたお客様の期待を大きく超えた時にだけ発生するもので、その驚きと感動がご紹介という形になって戻ってくるものだと考えています。

今、スタイリッシュハウスさんの紹介比率は約50％。2件に1件はご紹介です。一般的な住宅会社での紹介比率が20％程度ですので、非常に高い数値です。この裏側には、とても地道な努力の繰り返しがありました。

引き渡し後のアンケートは必ず回収し、いただいたご要望に対しては、ひとつひとつ丁寧に検証と改善を繰りかえしてきました。そこで特にこだわったのは、お客様へのサービスや接客対応は当然のことですが、何より、大切な家づくりをお任せいただいたお客様に対して品質でお応えする姿勢です。

「低価格だからこそ、その期待を大きく超えなくてはいけない」と時には佐藤社長自らが床下に潜り、落ちているごみを拾い集めるなど、スタイリッシュハウスのお客様に対する姿勢を少しずつ浸透させていきました。プロが見ても買いたくなる家。その品質へのこだわりが、今の紹介比率の高さに表れているのだと感じます。

これらの地道な取り組みを継続できている根幹には、スタイリッシュハウスさんの企業理念「愛してる。」「お客様を愛し、仲間を愛し、地域を愛し、仕事を愛しています。」の浸透があります。

立ち上げ当初、あまりに直球すぎる表現に思わず言葉を失った企業理念でしたが、今のスタイリッシュハウスさんを見て感じるのは、企業理念とは「わかりやすさ」が大切で、むしろ直球であるべき。そして、それが社内だけではなく、職人さんをはじめとした協力業者さんにまで見事に浸透してこそ意味があるものだと今では感じています。

家が完成した後も、お客様と20年、30年先までお付き合いができる、心の通ったサービスができるかどうかにかかってくるという思いを「愛してる。」という言葉に託したいと語っておられた佐藤社長の言葉が印象的です。その思いの数々が本書を読んで頂くと、とてもよくご理解いただけるかと思います。

■ 著者紹介 ■

佐藤　秀雄（さとう　ひでお）

株式会社スタイリッシュハウス 代表取締役社長。

栃木県足利市に生まれる。建築系専門学校を卒業後、建築設備会社に就職。

28歳のときに（株）総合設備を設立。数年で住宅設備工事とガス工事を手掛ける件数が年間５００棟以上の会社に急成長させる。２００１年に住宅リフォーム事業部を開設し、エンドユーザーへの販売をスタート。さらに２００４年、「自分の家を持つことの喜びを心から感じていただきたい」という思いから（株）スタイリッシュハウスを設立。２００９年には「夢家プロジェクト」を始動。２０１１年（株）夢家プロジェクト代表取締役社長に就任。現在は住宅販売、リフォーム、土木、ガス設備、介護、コンサルタントなどを柱とする４社の代表を務めている。また、２０１２年地域貢献の想いを形にするためNPO法人スタイリッシュライフを立ち上げる。ライフワークとして、実践心理学NLPの上級資格マスタープラクティショナーコース終了。住宅関係の著書は累計５万部を超える。


お客様が大満足しながら高利益を上げる住宅会社経営
<検印省略>

2019年10月30日　第１刷発行
著　者　佐藤 秀雄

発行人　吉田 和彦

発行所　コーシン出版
〒173-0004 東京都板橋区板橋2-28-8コーシンビル
電話番号：03-3964-4511　ファックス番号：03-3964-4569
ホームページ：http://ko-sinsyuppan.com

発売元　（株）星雲社　（共同出版社・流通責任出版社）
〒112-0005 東京都文京区水道1-3-30
電話番号：03-3868-3275　ファックス番号：03-3868-6588

印刷所　恒信印刷株式会社

ＩＳＢＮ 978-4-434-26319-4　C0052　Printed in Japan